Norbert Neugirg

Tusch eineinhalbmal

Mit Zeichnungen
von
Norma Susanne Desing

Norbert Neugirg

Tusch eineinhalbmal

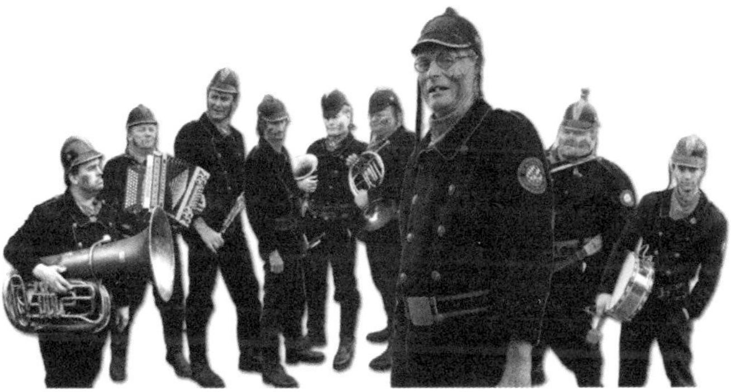

Uns hat noch nie was leid getan,
und kostet's auch mal einen Zahn!

Buch- und Kunstverlag Oberpfalz

Bibliografische Information der Deutschen Nationalbibliothek
Die Deutsche Nationalbibliothek verzeichnet diese Publikation in der Deutschen Nationalbibliografie; detaillierte bibliografische Daten sind im Internet über http://dnb.ddb.de abrufbar.

3. Auflage 2020

Texte: Norbert Neugirg
Zeichnungen: Norma Susanne Desing
Fotos: Christian Höllerer (Titel, Seite 3 und Rückseite)
Ulla Britta Baumer (Seite 29)
Wolfgang Steinbacher (Seite 106 und 140/141)
Stephan Huber (Seite 174)
Satz: DESING DESIGN, 93049 Regensburg

ISBN: 978-3-95587-030-0

Tusch eineinhalbmal

Der Tusch ist so ziemlich das Erste, wodurch man in einer Blaskapelle lernt, auf welch vielfältige Weise in der Musik etwas danebengehen kann. Doch Pannen können unser Leben bereichern. Was einem widerfahren muss, um zu solch einer Einsicht zu gelangen, möchte ich einleitend schildern:

Nachdem man zwei Jahre lang einmal wöchentlich versucht hatte, mir musiktheoretisches Wissen und das Notenlesen beizubringen, bekam ich als Vierzehnjähriger in der Jugendblaskapelle eine Trompete in die Hand gedrückt. Wie viele an dieser vom Grünspan und seinen Vorbesitzern gezeichneten Ansammlung von gewundenen Röhren schon gescheitert waren, wusste niemand. Den Dellen und inneren Hinterlassenschaften nach zu schließen, hatten schon einige an diesem Horn Hand und Lippen angelegt. In meiner jugendlichen Unbekümmertheit nahm ich das heiß ersehnte Leihinstrument begeistert entgegen. Es lagerte zuvor im verstaubten Orchesterfundus, aus dem die Anfänger kostenlos mit Gerätschaften versorgt wurden. Das sollte die Eltern der Kapellenzöglinge des Vereins davor bewahren, teure Neuinstrumente anzuschaffen, bevor man überhaupt wusste, ob der Nachwuchs für die instrumentale Tonkunst geschaffen war oder ob er das Ding nach geraumer Zeit wieder in die Ecke, aus der es gekommen war, zurückwerfen würde. Ich jedenfalls hängte meine B-Trompete an den Fahrradlenker und fuhr stolz damit in mein vier Kilometer entferntes Heimatdorf. Der dazugehörige Instrumentenkoffer war nie oder nicht mehr vorhanden. Vielleicht ist er auch in den Wirren des letzten oder vorletzten Weltkrieges verloren gegangen. Alles, was meine Trompete vor mir durchgemacht haben könnte, interessierte mich damals im Jahr 1974 überhaupt nicht. Kurz vor meinem Elternhaus stieß ich, die leichte Steigung hinauftretend, vom Fahrrad aus ins Horn. Das war sozusagen mein erster Tusch. Die erste akustische Ankündigung, dass es ab jetzt mit der Ruhe zu Hause vorbei sein wird. Meine Mutter war im Garten, und sie lachte, als sie mich kommen sah und mein schwankendes Getröte hörte. In den folgenden Jahren meiner Auseinandersetzungen mit der Trompetenkunst lachte sie oft und oft auch nicht.

Als Anfänger erlernten wir unsere Musizier-Fähigkeiten von den älteren Mitgliedern der Jugendblaskapelle, die weder Virtuosen noch ansatzweise auf dem Weg dazu waren. Wir eiferten ihnen nach. Richtiger Musikunterricht von ausgebildeten Instrumentalisten war auf dem flachen Land nicht zu bekommen. Den Sprössling mit dem Auto viele Kilometer in eine Musikschule mit richtigen Instrumentallehrern zu fahren und dann noch viel Geld dafür zu bezahlen, war bei einer siebenköpfigen Familie, wie in der, in welcher ich aufwuchs, nicht drin. „Wozu auch? Mit Musik kann man doch nichts Gescheites anfangen und schon gar kein Geld verdienen!", war die überwiegende Meinung meines persönlichen Umfeldes. Wir wurden also Mitglieder im nächstgelegenen Dorfklangkörper. Das war die billigste Lösung, dank der wir uns zu Wald- und Wiesenmusikanten entwickelten. So nennt man im Jargon diejenigen, die bei der Ausübung ihrer Bläserkunst viel Luft nach oben und qualitativ wenig Spielraum nach unten haben, dafür aber eine ausgeprägte Fähigkeit zur Selbstüberschätzung. Die besteht darin, das von einem selbst dahergeblasene Blech viel zu früh für Musik zu halten.

Der Spaßfaktor der Mitwirkenden einer Amateur-Blaskapelle hat unbedingten Vorrang vor dem Wohlbefinden der Zuhörer. Nach diesem Motto lärmte jeder von uns auf seiner Trompete, seiner Klarinette, seiner Posaune oder sonstigem Fundgegenstand aus dem Anfänger-Regal, der ihm zugeteilt worden war, in die Welt hinein, die nicht unbedingt nach uns verlangt hatte. Es folgten Jahre, in denen ich zwei Mal die Woche überschaubar sachgemäß im Blechblasen unterwiesen wurde. Unsere Stärke war in erster Linie die Lautstärke. Nicht schön Geblasenes redeten wir uns schön.

Deshalb ging es nach der Probe ins Wirtshaus. Dort wurden große Theorien aufgestellt, welche musikalischen Höhenflüge unserer Kapelle noch bevorstehen könnten. Die kühn aufgestellten Thesen schafften es aber selten über das Bierglas hinaus und mündeten zu fortgeschrittener Stunde oft im absoluten Dampfgeschwafel. Hatte sich der Dampf verflüchtigt, blieben aber ab und zu ein paar gute Ideen übrig, die das Zechgelage überlebten und in die Tat umgesetzt wurden. Heute nennt man das wohl Synergieeffekt oder Brainstorming. Diese Phänomene lernten wir kennen, ohne zu wissen, dass es sie gibt, und wir wurden durch und durch gesellige Typen. Wenn es stimmt, dass „einmal pro Woche Stammtisch den Therapeuten erspart“, dann haben wir das deutsche Gesundheitswesen vor enormen Ausgaben bewahrt. Andererseits haben wir (aus Eigenmitteln finanziert!) die Gasthäuser in unserem Aktionsradius vom Zusperren und die Wirtsleute vom Zubettgehen abgehalten. Das hat Spuren in uns hinterlassen. Nicht nur solche, derer man sich schämen müsste. Die Fähigkeit, als Gruppe auch außerhalb von Wirtshäusern zu operieren, die verschiedenen Verhaltensauffälligkeiten einschließlich der eigenen auf Allgemeinverträglichkeit zu reduzieren und soziale Intelligenz in Lebenslagen zu entwickeln, in denen mit herkömmlicher Intelligenz nichts mehr auszurichten ist, das waren weitere gute Errungenschaften, die uns das Schicksal der Laien-Blasmusik bescherte.

Blaskapellen-Zöglinge kommen früh in die Herdenhaltung und werden auf sozialverträgliches Verhalten getrimmt. Im Gegensatz zum Klavier- oder Geigenschüler, der unter Anleitung eines leidensfähigen Lehrers hinter möglichst schalldichten Türen in Einsamkeit sein Instrument malträtiert, waren wir Dorf-Blasmusik-Schüler ständig in Gesellschaft, wenn auch nicht immer in der besten. Wir wurden von Beginn an in Gruppen unterrichtet. Zuerst als Anfänger im theoretischen Unterricht, dann getrennt nach Art des Instruments, also Trompetenabteilung, Klarinettenspieler usw., und dann wieder alle Jungspunde zusammen in der Nachwuchskapelle. Von da aus wurde man je nach Bedarf oder Können in die sogenannte „große Kapelle“ überführt oder vielmehr hineingeworfen. Dann galt man als „ausgebildet“ und war im Gesamtklangkörper des Vereins. Hier saßen alle, die unter dem Dirigat eines ehemaligen Militärmusikers die Reife und den nervlichen Belastungsgrad für die Endverwendung im Amateur-Blasmusikwesen erlangt hatten. Das vierzig- bis fünfzigköpfige, rein männliche Orchester beherbergte pubertierende Jünglinge, mitten in der Balz stehende Jungmänner, angehende Familienväter und gut abgehangene, erfahrene Mannsbilder mittleren bis fortgeschrittenen Alters. Alle übten anständige Berufe aus, die nichts mit Musik zu tun hatten. Das konnte man hören. Unser Dirigent bemühte sich redlich, auch die Ungehobeltsten unter uns für die Musik brauchbar zu machen. Wir versuchten uns an Ouvertüren und Orchesterwerken, die für uns mehrere Nummern zu groß waren und die wir mit sicht- und hörbarer Anstrengung beim Frühjahrskonzert darboten. Ein bis zwei Konzerte waren der Höhepunkt des Vereinsjahres. Über Monate versuchten wir jeden Freitagabend von halb acht Uhr an, dem konzertanten Musizieren auf die Schliche zu kommen. Die Probe wurde aufgelockert durch mindestens ein Drittel Zuspätkommende, von denen die letzten eintrafen, als die ersten schon wieder gingen, weil sie früher weg mussten. Schon allein deshalb herrschte in unseren Proben immer Leben.

Hinzu kam, dass einige den Abend hindurch vorwiegend damit beschäftigt waren, Sprüche und Kommentare zur allgemeinen Erheiterung loszulassen. Wer sich mit dem Nachbarn unterhielt, statt den Anweisungen des Dirigenten zu lauschen, wurde schon mal vom Schlüsselbund oder dem Taktstock des Kapellmeisters getroffen. Das Wurfgeschoss hatte der Getroffene demütig ans Kapellmeisterpult zurückzutragen. Spätestens mit diesem Gang zum Pranger wusste jeder im Raum, wer der Störenfried war. Die permanente Gefahr, so vorgeführt zu werden, hielt die meisten von uns aber nicht davon ab, die an sich ernst gemeinte Orchesterarbeit bei günstiger Gelegenheit in eine komische Richtung zu lenken. Das geschah freiwillig oder auch unfreiwillig. Humoristischen Stolperfallen unbeabsichtigter Natur konnte sich auch unser militärisch strenger alter Herr am Pult nicht entziehen. Das erste b-Vorzeichen nach dem Notenschlüssel erniedrigt h zu b, vorausgesetzt es steht überhaupt in den Noten. Sah einer dieses b, wo es nicht war, dann erklang zum Beispiel die Tonfolge b – g statt h – g. In den harmonischen Jammer hinein, der sich tatsächlich einmal so zutrug, rief der Chef im Dirigieren die richtigen Töne „ha-ge, ha-ge"! Der Trompeter neben mir hieß Hage. Das war sein Nachname, und er wurde von allen nur Hage gerufen. Er fuhr unter den „ha-ge"-Rufen gewaltig zusammen, ging hinter seinem Notenpult in Deckung und erwartete ängstlich den Taktstock oder was immer jetzt als Projektil bei ihm einschlagen würde. Der Beschuss blieb aus. Stattdessen konnte sich selbst der Herr Kapellmeister eines Schmunzelns nicht erwehren, als er bemerkte, dass das schallende Gelächter, das nun losbrach, sein harmonischer Hilferuf „hage" verursacht hatte.

Wie in Vereinsheimen so üblich, waren auch in unserem Proberaum Fotografien, Urkunden und Beutestücke diverser bläserischer Ruhmestaten ausgestellt. Unter anderem eine Schwarzwälder Kuckucksuhr. Überreicht aus Freude über die An- oder vielleicht auch über die Abreise der Kapelle im Zuge einer musikalisch-geselligen Heimsuchung des Schwarzwaldes. Näheres entzieht sich meiner Kenntnis, da Anfänger wie wir auf solche Genusstouren mangels Kondition nicht mitgenommen wurden. Die Kuckucksuhr stand zu Probenbeginn am Freitag immer still, weil die Gewichte während der Wochentage, in denen der Raum verwaist war, den Boden erreicht hatten. Irgendein Hallodri (und da nehme ich mich selbst nicht aus) zog in einem günstigen Moment die Uhr auf. Eines Abends, als wir wieder einmal versuchten, eine Ouvertüre aus dem Stadium der Unkenntlichkeit herauszublasen, gelangten wir an eine Generalpause. Eine Generalpause im Stück ist von allen einzuhalten. Ein kurzer erholsamer Moment, in dem auf die Zehntelsekunde genau vollkommene Stille durch gleichzeitiges Pausieren erzeugt werden soll. An dem besagten Abend gelang uns die gemeinsame Unterbrechung vorbildlich. Sogar der Chef am Pult erstarrte. Nicht so der Kuckuck. Der krähte genau in die Generalpause hinein und das gleich acht Mal. Der ganze Haufen prustete los. So um die fünfunddreißig Mann plus Chef lachten sich scheckig und die vom Komponisten geplante Generalpausen-Andacht war im wahrsten Sinne des Wortes beim Kuckuck. Das sind die wirklichen künstlerischen Highlights in der Laienmusik.

Unser in Ehren und an seinem Resthaar ergrauter Kapellmeister war zur damaligen Zeit bereits pensioniert. Nach seiner Militärmusikzeit während des Zweiten Weltkrieges schlug er sich zeitweise als Berufsmusiker durch. Dadurch war er in vielen Lebenslagen erprobt und nicht nur musikalisch sehr beschlagen. Wir staunten über sein enormes Wissen, das er uns in durchaus anspruchsvollen Proben zu vermitteln versuchte.

Im Verlauf seiner Unterweisungen erzählte er uns ab und an persönliche Erlebnisse, die meistens darauf hinausliefen, dass es sich auszahlt, ein Musikinstrument zu erlernen, weil man als Musikant selbst in wirtschaftlich noch so schlechten Zeiten besser durchkommt. Wir hörten von präparierten Saxophonkoffern, die man von außen über einen Schlauch unauffällig mit Bier befüllen konnte. Eine selbst genehmigte Dreingabe zur Gage für gewiefte deutsche Swingmusiker, die sich nach dem Krieg in amerikanischen Clubs durchschlugen. Unser alter Haudegen erzählte, dass er so lange den Radiosender AFN hörte, bis er den Ami-Groove auf Klarinette und Saxophon draufhatte und samt seinen auffrisierten Instrumentenkoffern in die Bars der US-Besatzer hineingelassen wurde. Veranstaltungen mit Musikinstrument in der einen und den Koffer in der anderen Hand zu verlassen, ist eine ebenso bewährte wie unauffällige Musiker-Frachtmethode. Unser Chef war böhmischer Abstammung. Es lag also nahe, dass neben dem Swing auch andere lebenspraktische Fähigkeiten in ihm aufkeimten, um dem deutschen Wirtschaftswunder den Boden zu bereiten.

Mindestens einmal pro Jahr gönnte sich unser Dirigent eine Auszeit vom Pensionärsdasein und ging zur Kur. Sichtlich erholt, mit gebräunter Kopfhaut und runderneuert kam er wieder. Der ansonsten aus seiner kleinen Statur ragende Bauch hatte sich in seinem Umfang deutlich verringert und die Hose war dem nicht gefolgt. Jetzt hieß es, den Gürtel enger schnallen und sich auf das letzte Loch verlassen, in das die Schonkost den Gürtel bereits gezwungen hatte. In einer der ersten Proben, in der der kurbedingte Gewichtsverlust noch nicht wiedergutgemacht worden war, verbissen wir uns derartig in ein konzertantes Stück, dass er beim Versuch, die klanglich verfahrene Situation zu retten, sein furiosestes Dirigat anwenden musste. Er war dabei, die letzten Rettungssignale in die Luft zu fuchteln, als der ins Rutschen gekommenen Musik plötzlich die Hose folgte. Dem Träger auf dem Podest vor der Kapelle gelang es, sein Kleidungsstück auf Kniehöhe abzufangen. Spätestens jetzt fiel unser sowieso schon baufälliges Konzertstück in sich zusammen und ging in die Hose. Niemand war mehr in der Lage weiterzuspielen. Die Situation war prekär. Vorne der Chef im Kampf mit seiner Hose, davor wir im Kampf mit unseren Lachkrämpfen und dem verzweifelten Versuch, diese nicht offenkundig werden zu lassen. Es gelang uns nicht! Mit Müh und Not erwürgten wir unsere Heiterkeit. Zum Glück war die Hose schnell wieder dort, wo sie hätte bleiben sollen. Keiner von uns musste eingreifen, denn der Hosenbesitzer war schneller. Blitzartig verzurrte der kurzzeitig Entblößte seine Unterleibsbedeckung dort, wo sie hingehörte. Dann ermahnte er uns in aller Strenge zu absolutem Still-

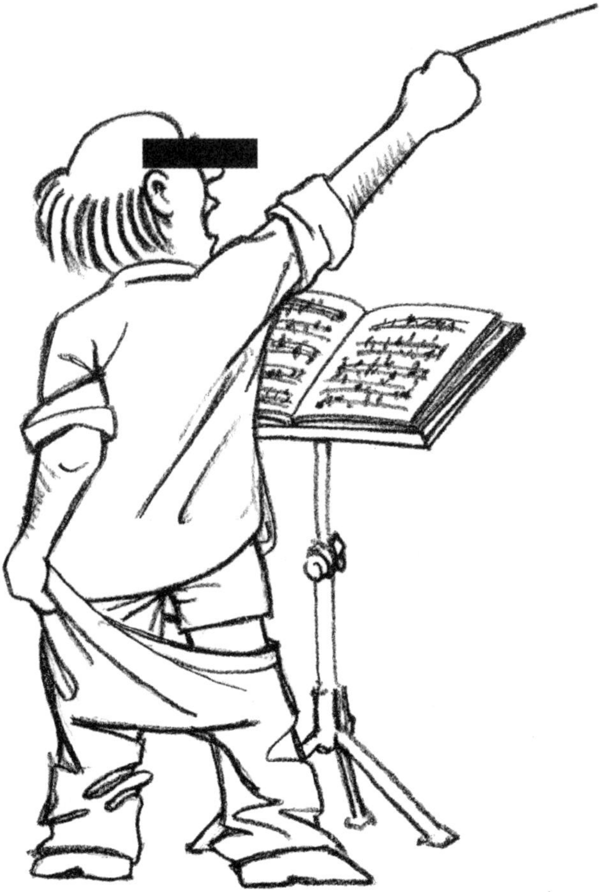

schweigen: Die heruntergelassene Hose dürfe nicht nach draußen getragen werden! Das gelte im Übrigen für alles, was sich in den vier Wänden unseres Übungsraumes abspiele. Das trug unser Ziehvater am Pult genauso fest vor, wie er die kurzzeitig entwichene Hose wieder an seinem von der Kur gezeichneten Leib drapierte.

Heute nun, da ich über dreißig Jahre dieses und andere Ereignisse aus meiner Zeit als Insasse in der Geisteswelt der Amateur-Blasmusik verschwiegen und dicht gehalten habe, neige ich – wohl auch altersbedingt – zu Undichtigkeiten. Für die vorsätzliche Inkontinenz, durch die nun ein Ausfluss meiner Erinnerungen den Bereich der Diskretion verlässt, habe ich mir die Begründung zurechtgelegt, dass es diejenigen, die nicht mehr am Leben sind, absolut nicht mehr interessiert, was ich als Hinterbliebener hier von mir gebe. Zumindest ist das die Auffassung von uns Diesseitigen.

Zweitens sind die komischen Situationen, die ich als Knabe bei unseren Versuchen, ernsthaft Musik zu machen, erlebte, wichtig, um Interessierten und mir selber die späteren Fügungen des Schicksals und mein Abdriften in die Niederungen des skurrilen Humors unter Missbrauch der Musik erklären zu können. Eine seltsame Tätigkeit, die eigentlich keine ist, mich aber im Laufe meines Lebens immer mehr in Anspruch nahm.

Der Schweigebefehl des Mannes, der damals in unserer Jugendblaskapelle die Hosen anhatte, ließ mich leider auch viele kuriose Situationen meines jungen Blasmusikantendaseins vergessen. Über Sachen, die in die Hose gingen, sollten wir ja nicht reden. Weisungsgemäß schwieg und vergaß ich. Was ich alles vergaß, habe ich vergessen. Die nun folgenden Fragmente der Erinnerung, die noch ihr Unwesen in mir treiben, basieren hauptsächlich auf Erlebnissen mit einer Musikformation namens *Die Altneihauser Feierwehrkapell'n.*

Diese 1985 spontan, unvorbereitet und ahnungslos von mir ins Leben gerufene Kapelle besteht heute aus neun vorsätzlich nichtakademischen Musikanten, die allesamt noch unauffälligen Vollzeitberufen nachgehen. Warum es zur Gründung kam, ist wohl nicht der Erforschung wert. Die Idee, einen betont musikalisch unfähigen Haufen zu konstruieren, hat aber zu einem guten Teil das Musikmilieu gezeitigt, in das ich als knapp Zwölfjähriger hineingeworfen wurde. Mit zu hoch gelegten Latten in der Musik hatte ich Erfahrung. Warum also nicht den Sprung unter der Latte hindurch zum Programm machen? So wurzelt die Idee letztendlich in musikalisch missglückten Erlebnissen in der Jugendblaskapelle. Zusammen mit den Veranlagungen meiner Person, die mich in die Rolle des selbsternannten Kommandanten schlittern ließen, ging aus diesem psychologischen Selbstversuch schließlich *Die Altneihauser Feierwehrkapell'n* hervor. Um mit den Worten des Kommandanten zu sprechen:

> Wird an der Qualität gespart,
> kommt's zu Kapellen dieser Art.

Das Beste ist, sich dreinzufügen
und mit der Hoffnung zu begnügen,
dass die Musik, die jetzt entsteht,
irgendwann zu Ende geht!

Es war in den allerersten Anfängen, und es war ein gut gemeinter Tusch. Dreimal sollte er erklingen. Bei irgendeiner der ersten Feiern, bei der wir als fünf Dilettanten unter dem Begriff *Altneihauser Feierwehrkapell'n* zwecks Darbietung einer humoristischen Einlage auftraten.

Schon früh in der Jugendblaskapelle hatten wir gelernt, den Tusch als einfachen Durdreiklang gelegentlich erfolgreich aufzuführen. Meine Ansage „Tusch **dreimal**" kam zwar bei mir selber richtig, bei der einen Hälfte von uns (also theoretisch bei zweieinhalb Mann) aber als „Tusch **zweimal**" an, bei den Übrigen gar nicht. Die, die nicht wussten, was gespielt wird, wurden vom Tusch überrascht, stiegen aber geistesgegenwärtig sofort mit ein. Das fiel nicht groß auf. Beim ersten Tusch ging es ganz gut. Während des zweiten Tuschs siegten die Zweifel der nahezu halben Mannschaft, die nichts wusste. Der theoretisch zur Hälfte Informierte gab dann wohl den Ausschlag und der zweite Dreiklang versiegte auf halber Strecke. Das Publikum amüsierte sich köstlich und honorierte die gut gespielte Panne, die uns unvorbereitet traf, mit Applaus. Der Tusch eineinhalbmal war erfunden. Er wurde zu einem Markenzeichen der *Altneihauser Feierwehrkapell'n* und wird seit annähernd dreißig Jahren bei unseren Auftritten zelebriert. Eine Hommage an die Fee des Zufalls, den Kobold des Theaters und den Schalk des Nackens, welche die *Altneihauser* bis heute auf der Bühne anspringen, auf wundersame Weise das Leben mit Unvorhergesehenem anreichern und das, was wir eigentlich vorhatten, oft in eine völlig andere Richtung lenken.

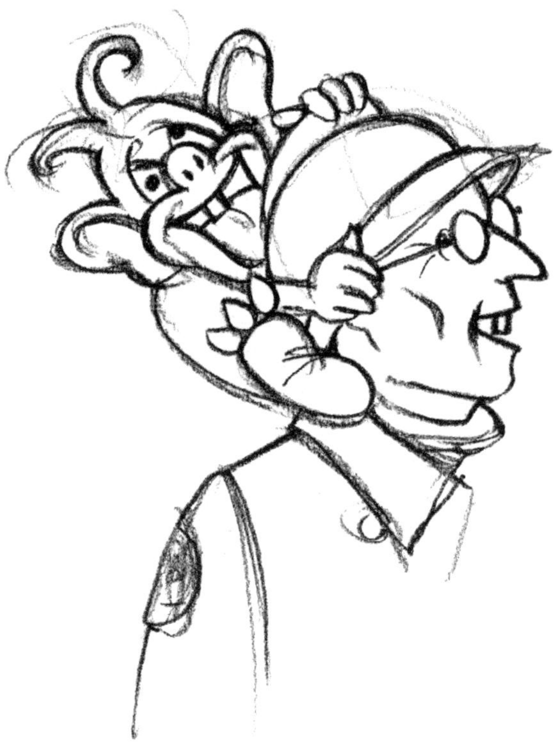

Veranlagung zum Komödianten oder Schicksal des Dilettanten?

Es war der Faschingssamstag des Jahres 1985, als ich mich zum ersten Mal so verunstaltete, wie ich vorne auf diesem Buch zu sehen bin. Der Auslöser war ein Fastnachtseinfall, der am Nachmittag in uns hineinfuhr wie eine Feuerwehrsirene in die Insassen eines Dorfwirtshauses. Noch am selben Abend überfielen wir zu fünft den großen Faschingsball des DJK-Sportvereins in der Mehrzweckhalle. Vorher hatten wir binnen weniger Stunden alte Uniformteile und diverses Gerümpel aus Feuerwehrhäusern über Mittelsmänner organisiert. Auch den einen oder anderen Privatfundus hatten wir angezapft. Alles leihweise und mit dem festen Versprechen, vor allem auf die alten Lederhelme achtzugeben. Seltene Originale, die im Faschingstrubel schon mal den Besitzer wechseln könnten. Trotz der Hitze des Ballsaals legten wir aus Vorsicht nichts ab. Eventuell auftretender eigener Schweißgeruch stand nicht zu befürchten, da er von den älteren Gerüchen unserer Jacken gehörig überlagert wurde. Wir kamen als gewöhnliche Gäste und überrumpelten das arglose Publikum, indem wir mit Marschmusik einzogen. Diese verübten wir auf den am schlimmsten zugerichteten Leihinstrumenten, die wir im verstaubten Anfängermateriallager unserer Kapelle finden konnten. Sie waren uns beim fastnachtlichen Einkleiden im Proberaum so unvermittelt in die Hände gefallen, dass gar keine Zeit mehr blieb, die Lagerleitung des Vereins um Erlaubnis für den Missbrauch zu bitten. Mit Ruß von entflammten Flaschenkorken im Gesicht, mit Zahnlack, Rundbrille und in zerlumpter Feuerwehrmontur wurde ich bei diesem allerersten Aufzug der *Altneihauser* in der Öffentlichkeit zu meiner eigenen Erfindung, nämlich zum Kommandanten der *Altneihauser Feierwehrkapell'n*.

Nur in einer solch unerotischen Bühnenfigur wagte ich es damals, die Blicke vieler Menschen auf mich zu ziehen. Ich war nämlich gut jenseits der Zwanzig noch ein sehr schüchternes Bürschlein und dank einer missglückten Kieferkorrektur im Besitz eines schiefen Schneidezahnes im Oberkiefer. Darüber hinaus besaß ich ein 1,80 Meter hohes Skelett mit Haut darüber, unter der sich mangels Fett und nicht unbedingt lebensnotwendiger Muskulatur die Knochen gut abzeichneten. Im Biologieunterricht des Gymnasiums wurde ich in der Unterstufe oft als Freiwilliger ausgewählt, an dessen nacktem Oberkörper der damalige Oberstudienrat vor der Klasse die durchgenommenen Rippen und Gebeine suchte und – alle fand. So machte ich meine erste Erfahrung als Darsteller und darüber hinaus die, dass ich – zumindest in Sachen Knochen – vollkommen war. Diese Vollkommenheit meines Brustkorbes zog aber nicht die von mir erhoffte stärkere Anziehungskraft auf meine Mitschülerinnen nach sich. Die Ähnlichkeit mit den männlichen Hauptakteuren in den damals begehrten Schulmädchenreport-Filmen war bei mir einfach zu gering ausgebildet. Der Oberstudienrat wurde übrigens später zum Studiendirektor befördert. Inwieweit die

Visitation seines Biologieunterrichts durch die Damen und Herren einer Prüfungskommission unter Einbeziehung meiner Wenigkeit als Skelettersatz dazu beigetragen hat, vermag ich nicht zu sagen.

Im normalen Leben öffentlich zu reden, war für mich der Horror. Das begann schon in der Schule. Im Unterricht meldete ich mich eher selten. Zum einen, weil ich mangels Wissen nichts beizutragen hatte, zum anderen – und das geschah tatsächlich häufiger – weil ich etwas wusste, aber vermeiden wollte, dass mich alle ansahen, wenn ich das Wort ergreife. Dann wäre ich wieder knallrot geworden, hätte mich verhaspelt, den Faden verloren und, und, und… So trug immer jemand anderer in der Klasse laut vor, was ich ebenfalls parat hatte, und das dann zu allem Überdruss auch noch die richtige Antwort war. Ich wechselte ans Gymnasium, weil unser Religionslehrer, der sogenannte „Kooperator“, ein ausgeweihter Handlanger des katholischen Pfarrers in unserem Dorf, meinte, ich hätte das Zeug zum Geistlichen. Der junge Hilfspfarrer wusste, dass ein Onkel von mir Priester war und meinte, der Heilige Geist wäre dabei, erneut einen Einbruchsversuch in unserer Verwandtschaft zu wagen und sei kurz davor, aus mir hervorzubrechen.

An der weiterführenden Schule ist dann viel über mich hereingebrochen. Welche Geister sich in mir die Bahn brachen und ob der Heilige Geist darunter war, vermag ich nicht zu sagen. Jedenfalls war Geist vorhanden, wenn auch nicht der zum Priester, sondern eher der zum mittelmäßigen Schüler und zum Klassenkomiker.

Meine Schüchternheit verfolgte mich ins Gymnasium und verstärkte sich, je mehr ich sie loshaben wollte. Nicht nur meine Lateinlehrer erlebten oft, dass ich mit meinem Latein am Ende war. Ich gebe zu, auch faulheitsbedingt nicht immer auf der Höhe des Lehrplans gewesen zu sein. Oft aber war ich, meiner Hemmungen wegen, nicht fähig, etwas von mir zu geben, weil ich aus lauter Furcht, wieder knallrot anzulaufen, wie ein gelähmtes Karnickel vor der Schlange der eigenen Angst saß.

Manchmal aber gewann der Schalk, der mir im Nacken saß, die Oberhand. Dann fasste ich kurzzeitig Mut und gab durch komische Bemerkungen an passender Stelle dem Unterricht eine für die Lehrkraft unpassende Auflockerung. Das war neben Deutsch eines der wenigen Dinge meiner Schulzeit, die mich wirklich interessierten und die ich einigermaßen konnte. Die Fähigkeit, meine Mitschüler mit punktgenauem Unsinn zu erheitern, brachte mir neben dem schallenden Gelächter meiner Mitschüler auch Anerkennung im Klassenverband ein. Leider fanden diese Leistungen auf Seiten der Lehrer wenig Anklang. Humoristische Talente wurden in meiner Schule nicht honoriert. Meine Beiträge auf diesem Gebiet brachten keine Noten ein und wenn doch, dann keine guten.

Meine extreme Schüchternheit war wohl das stärkste Motiv, aus dem heraus ich mich in die Figur des Kommandanten flüchtete. In der Maske des abgehalfterten Feuerwehrmannes verschwanden meine Hemmungen, und ich konnte erstaunlich munter drauflosreden. Mit einer Forschheit, wie ich sie vorher von mir nicht kannte, ließ ich die Sätze aus mir heraussprudeln, die mir gerade so einfielen. Je weniger ich darüber nachdachte, desto lustiger waren die Ansagen und Moderationen, die unvermittelt entstanden. Das Publikum quiekte vor Vergnügen. Auch wir auf der Bühne mussten uns wegen der saukomischen Situationen, in die wir uns hineintreiben ließen, regelmäßig das Lachen verbeißen. So rief ich bei einem Auftritt einmal das Kommando „Kehrt!". Das ist der militärische Befehl für eine 180-Grad-Drehung, der gewöhnlich dazu führt, dass das Gesäß der Angesprochenen in die Richtung schaut, in die sie vorher selber geschaut haben. In der linken Ecke der Bühne lehnte nun zufällig ein Besen. Unser Mann links außen schnappte sich diesen und begann, wie befohlen, zu kehren. Nicht enden wollendes Gelächter im Saal, derweil wir versuchten, unseren Heiterkeitsanfall hinunterzuwürgen. Die Rolle eines *Altneihausers* ist ja die eines in die Kapelle strafversetzten Feuerwehrlers, der gar nicht musizieren mag und nur unter Protest auftritt. Für das Rollenverständnis sind die Worte des Kommandanten maßgeblich:

Hochverehrte und erlauchte
in diesem Saale Aufgetauchte,
sehr geschätzte Angereiste,
Geladene und Abgespeiste!

Richtet jemand, der nichts kann,
bei der Feuerwehr nur Schaden an,

dann wird er ausgesondert und zuletzt
in **die** Kapelle strafversetzt.

Sie tun mir leid, ich sag' es offen,
denn heute hat es Sie getroffen.
Hier steht der Tiefpunkt aller Feste,
mein Beileid, liebe Gäste!

In Relation zum Publikum konnte sich das auch so anhören:

Strafversetzt zur Blechmusik,
der eine dünn, der and're dick,
nicht besonders schön und klug,
doch für das Volk hier gut genug.

Entsprechend missmutig sollte der Gesichtsausdruck der „Strafversetzten" sein. Wenn aber der Zufall die Regie übernahm und uns der allgegenwärtige Bühnenkobold humoristische Stolperfallen stellte, in die wir vor allen Leuten hineintappten, dann fielen meine Herren trotz des Befehls, möglichst dumm und gelangweilt dreinzublicken, schon mal aus der Rolle. Das waren einmalige Momente, die sich so fast nicht wiederholten. Wenn wir von der Bühne gingen, hatten wir das Meiste von dem, was uns kurz vorher passiert war, vergessen. Manches aber blieb hängen. Instinktiv lernten wir, kuriose Situationen, die uns einmal widerfahren waren, bei Folgeauftritten wieder herzustellen. So erarbeiteten wir uns unter Umgehung von Proben unser merkwürdiges Bühnen- und Musikrepertoire.

Für mich war die Verwandlung in den schrulligen Kommandanten eine Art selbsterfundene Therapie gegen meine Scheu, öffentlich zu sprechen. Diese Hemmung konnte ich nämlich beim Umzug in die Uniform des *Altneihauser*-Anführers in meiner eigentlichen Person zurücklassen. Die *Altneihauser Feierwehrkapell'n* ist also das Resultat einer Mischung aus dem Makel meiner Schüchternheit und musikalischen Defiziten.

Eine Veranlagung zum Komödianten und der Hang zur komödiantischen Verunstaltung der Muttersprache ist grundsätzlich nichts, was zu einer sinnvollen Betätigung befähigt. Genau diese Abnormität entdeckte ich als Jugendlicher bei mir. Ungefähr mit fünfzehn Jahren war ich Augen- und Ohrenzeuge, als mein Vater und eine Handvoll erwachsene Männer versuchten, einen Vortrag in Reimform für die bevorstehende Nikolausfeier ihres Geselligkeitsvereins zu verfassen. Ich verfolgte ihre Bemühungen interessiert, überwand meine Scheu und gab ein paar meiner gereimten Einfälle zum Thema kund. Meine kleinen Passagen fanden Anklang und wurden tatsächlich in der Nikolausansprache „verwurstet". Zur Belohnung durfte ich der Darbietung in einer Winternacht im Wirtshaus meines Heimatdorfes beiwohnen, obwohl ich aufgrund meiner Jugend um diese Zeit längst im Bett hätte sein müssen. Mit Stolz hörte ich meine Satzgebilde aus dem Gebrumm des Nikolaus' heraus. Hernach durfte ich mich über die Nüsse und Lebkuchen der Tischdekoration hermachen. Als mein Tisch leer war, spendierte mir mein Vater noch Bratwürste mit Sauerkraut, die ich mit zwei Mandarinen

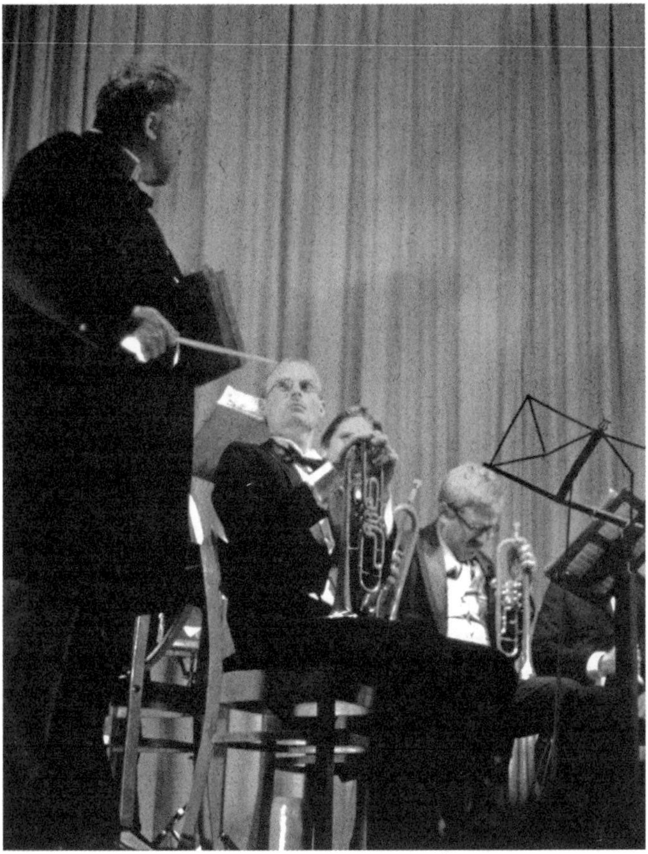

„Die Orchesterprobe" mit Norbert Neugirg

abrundete: mein erstes Künstler-Menü! Ein kleiner Vorgeschmack auf Gagen und Künstler-Verpflegungen, die mir im Laufe meines Lebens in noch dürftigerer aber auch in noch opulenterer Form unterkommen sollten.

Ich dürfte so um die sechzehn Jahre alt gewesen sein, als ich für tauglich befunden wurde, bei der „Faschingsgaudi" der Jugendblaskapelle – das war ein interner „Bunter Abend" – in einem Einakter mitzuwirken. Es war ein Sketch von Karl Valentin, der eine Musikprobe karikierte. Die verwinkelte Sprache des großen Münchner Komikers und die aberwitzigen Dialoge lagen mir. Fortan wurde ich vorrangig bei Valentinaden als Hauptdarsteller eingesetzt. Bei diversen Gelegenheiten mimte ich den Valentin, für den ich dank meiner Länge und so gut wie fettfreien Erscheinung wie geschaffen war.

Bei einer öffentlichen Aufführung der Valentinade „Die Orchesterprobe" entdeckte mich die örtliche Laienspielschar. Dort wurde ich anfangs als jugendlicher Liebhaber eingesetzt. Das Einzige, was ich in diesen Rollen gut konnte, war, dass ich jung war. Der Rest meines Talents zum Herzensbrecher brachte mir rasch die Umbesetzung ins Fach der komischen Käuze ein. Man darf also auch eine gewisse Veranlagung unterstellen, die mit der erwähnten übrigen Tragik zur *Altneihauser Feierwehrkapell'n* geführt hat.

Gärprozess und Anlaufjahre

Die nach dem Fasching 1985 wieder eingegrabene Kapelle wurde die folgenden fünf Jahre nur sporadisch in ihrer Grabesruhe gestört. Es kam während dieser Zeit zu ungefähr zehn Einsätzen, für die wir uns zu erinnern versuchten, wo unser Feuerwehrzeug abgeblieben war. Nur bei ganz herausragenden Ereignissen „ließen wir es brennen". So hieß es bei uns im Jargon, wenn wir wieder einmal vorhatten, ein uns besonders nahestehendes Geburtstagskind oder ein Brautpaar in *Altneihauser*-Manier zu überfallen. Dann liehen und kratzten wir aufs neue das Equipment zusammen und holten die Jacken aus den Grüften ihrer Aufbewahrung. Ein Glück war, dass damals noch überall, wo wir auftraten, geraucht werden durfte. Das Nikotin half, dem Modergeruch aus unseren uralten Wolljacken die Schärfe zu nehmen. Es waren recht mitgenommene Originale aus einer Zeit, in der die Waschmaschine noch nicht erfunden war. Als ich einmal ein Exemplar in einer chemischen Reinigung abgeben wollte, rief das Annahmepersonal gleich den Chef zu Hilfe. Dieser meinte nur: „Wenn wir diese Jacke in unsere Maschine hineintun, dann kommt die nie wieder heraus!" Also zog ich mit der Duftspur, mit der ich gekommen war, wieder ab.

Ab 1990 wurden durch permanente Belästigungen und Wünsche Dritter, die *Altneihauser* doch zum Leben zu erwecken, die Auferstehungsintervalle so kurz, dass wir das Beerdigen aufhörten. Wir lagerten unsere Feuerwehrmonturen überirdisch auf dem Anwesen unseres Tubaspielers. Als Landwirt hatte der einen passenden Raum, in dem die zwischenzeitlich gewachsene Geruchspalette unserer Bühnengarderobe Platz hatte, ihre Feuchtigkeit aus schweißtreibenden Wirtshaus-Gastspielen an die Raumluft abzugeben. Es war der aufgelassene Saustall hinterm Wohnhaus. Er diente als Lagerraum für Rattengift, Motorsägen, Gummistiefel

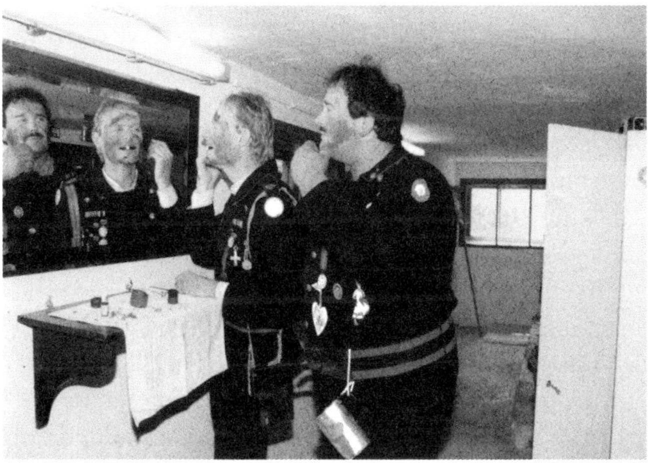

„In der Maske" im Saustall

etc. und für ein paar noch nicht des Sperrmülls für würdig befundene Möbel. Ein klappriger Kleiderschrank und das Mottenkugelaroma einer Wäschekommode aus dem vorletzten Jahrhundert schützte unsere Bühnengarderobe vor Übersäuerung durch die Restausgasungen des Mauerwerks, welche unsere Vorbewohner hinterlassen hatten. Vorm Eingang lagen die Reste eines vormals blühenden Misthaufens, welcher, seitdem sich die vierbeinigen Stallinsassen vor uns auf den letzten Weg zum Metzger gemacht hatten, nur noch ab und an genutzt wurde. Ein gut gedüngtes Umfeld, aus dem heraus unsere jugendliche Unbekümmertheit Blüten trieb.

Für die *Altneihauser Feierwehrkapell'n* begann nun eine lange Reihe seltsamer Auftritte. Sie brachen über uns herein wie das Kind über die Jungfrau. Geburtstage, Jubiläen, Hauseinweihungen und was weiß ich noch alles. Wir wurden weitergereicht. Mit kuriosen Beiträgen in Form einer unberechenbaren Einlage. Unser vorher abgesprochenes Programmflickwerk dauerte ungefähr eine halbe Stunde – oder länger. Kam darauf an, was mir spontan einfiel oder was sich ereignete, wenn wir vom Konzept, das wir oft gar nicht hatten, abwichen oder auf Zwischenrufe der Zuschauer reagierten. Damit niemand die Flucht ergreifen konnte, wurde die schockierende Nachricht, dass nun eine Blaskapelle käme, den Gästen nicht mitgeteilt. Wenn wir im Gänsemarsch durch die Saaltür hereinkamen und uns mit zum Marschieren ungeeigneter Musik auf engstem Raum durch die Stuhlreihen quetschten, war das Erstaunen groß. Niemand hatte uns je zuvor gesehen. „Mein Gott, was kommt denn da!", stand in den Gesichtern zu lesen. Bisweilen kam Furcht auf, Senioren mit Hörgeräten werkelten an ihren Stellschrauben, Mütter brachten ihre Neugeborenen in Sicherheit, Bedienungen drückten sich kreidebleich in Nischen. Hatten wir die Bühne oder Aktionsfläche erreicht, standen wir mit einer Dominanz und einem Geruch im Raum, dem sich niemand entziehen konnte.

... auch die Kapelle, die jetzt kommt, verspricht:
besser wird die Luft hier nicht!

Als Wort- und Rädelsführer hatte ich ja bereits erfahren und instinktiv erkannt, dass ich bei unseren Auftritten wohl das Wort zu ergreifen hätte, damit unser Erscheinen über den ersten Schreck hinaus überhaupt jemanden interessiert. Wenn wir so wie oben beschrieben irgendwo einzogen, hatten wir rein optisch bereits jede Hoffnung auf musikalischen Hochgenuss im Keim erstickt.

So stimmte ich eine auf den jeweiligen Anlass zugeschnittene und gereimte Brandrede an. Das Reden und Schreiben in Versen war etwas, das bereits mein Großvater väterlicherseits gut konnte. Es war sein ebenso einzigartiges wie einziges Vermächtnis. Mit der ohne eigenes Zutun ererbten Fähigkeit, Satzgebilde mittels Reimform in nicht für möglich gehaltene Richtungen zu bugsieren, versuchte ich, von unserem musikalischen Dilemma abzulenken. Es entstand sogar der Eindruck, als würden wir mit Absicht so spielen, wie wir es gar nicht anders konnten. Außerdem hatten wir uns ja verrußte Gesichter und Zahnlücken angemalt. Von solchen Visagen würde niemand etwas Vernünftiges erwarten. Am wenigsten wir selbst. Die Unverfrorenheit, so musikalisch anspruchslos ohne Vorwarnung bei Gesellschaften einzufallen, verlieh uns eine ungeahnte Souveränität. Bis auf meinen Vortrag in Versen, denen ein mir bis heute unbekanntes Versmaß zugrunde liegt, verließen wir uns auf das, was passieren würde. Dank unserer

„charmanten Wurschtigkeit“ spielten wir manchmal besser, als wir es aus Erfahrung erwarteten. Die Musiker-Regel „Spielt es so gut wie möglich, schlecht wird's von selber!“ verkehrte sich ins Gegenteil, weil sie uns egal war. Sehr merkwürdig. Genauso wie die komischen Momente, ja fast schon Slapsticks, die sich absolut ungeplant ergaben. So katapultierte das Fell der kleinen Trommel dem Trommler einmal das Stöckchen aus der Hand und ließ es in hohem Bogen auf die mit feinem Porzellan gedeckte Tafel hinter uns fliegen. Den Bruchteil einer Sekunde nach meinem Kommando „Stillgestanden!“ erfolgte in die kurze Stille des dicht besetzten Wirthaus-Nebenzimmers hinein der Einschlag. Der Suppenteller zersprang punktgenau mit lautem Geklirr. Dröhnendes Gelächter. Schöner kann man Geschirr nicht zerstören. Mit Rücksicht auf Leib und Leben der Gäste und in Anbetracht der Porzellankosten wurde diese Nummer nicht in das Standardprogramm der *Altneihauser* aufgenommen.

Mein Redefluss füllte die Zeiten, zu denen mir mangels Musikrepertoire nichts anderes übrig blieb, als zu reden. In besonders guten Momenten kamen mir die Sätze zuvor. Ich redete, ohne zu denken, und die Leute warfen sich weg vor Lachen. Es kam eine Art humoristischer Flow. Manchmal – manchmal aber auch nicht. Die Anzahl unserer zumutbaren Musiktitel war absolut überschaubar. Und die Stücke, bei denen, außer uns selbst, noch jemand wusste, was gemeint sein könnte, waren noch weniger. Ich packte also den Stier unserer Unfähigkeit als Kapelle bei den Hörnern. Wie es ist, wenn man meint, musikalisch gut zu sein, es aber nicht ist, hatte ich in der Jugendblaskapelle ausreichend ausgekostet. Dieser verzerrten Wahrnehmung hatte ich mich entledigt. Also konfrontierte ich das Publikum gleich zu Beginn unserer Auftritte mit schonungslosen Ankündigungen. Ich drückte die Latte unter Saalbodenniveau und stellte uns beispielsweise so vor:

> Geschätztes Publikum, verehrte Gäste,
> es begrüßen Sie die letzten Reste,
> respektive neun Gestalten,
> die sich für ein Orchester halten,
> von dem behauptet wird – zu Recht –,
> dass es so spielt, wie's ausschaut: schlecht!

*

Begrüßung beim Geburtstag eines Schlitzohrs:

> Mit Abstand ist der letzte Haufen
> für den Geehrten aufgelaufen,
> doch wer ihn kennt, dem wird es klar,
> so wie er ist und wie er war,
> verdient der Mann auf alle Fälle
> keine bessere Kapelle!

*

> Man bewog uns, zum Entzücken
> der Gesellschaft anzurücken,
> um am Saal und an den Gästen
> die Belastbarkeit zu testen.

*

Begrüßung einer Geburtstagsgesellschaft unter Einbeziehung finanzieller Aspekte:

Es handelt sich bei der Kapelle
um Feuerwehr-Problemabfälle,
die offensichtlich in den Augen
der Feuerwehr zu nichts mehr taugen,
als haarsträubend zu musizieren,
vor Volk mit wenig Anspruch zu agieren
und Geburtstagskinder heimzusuchen,
die so dumm sind und sie buchen.
Alles strafversetzte Degradierte,
die man berechtigt ausrangierte
und die mit Niveau für nied're Schichten
jedes Fest zugrunde richten.

Weil jede andere Kapelle Abstand nahm,
als man mit dem Auftrag kam,
vor **der** Gesellschaft aufzutreten,
sind wir allein zwecks der Moneten
nur heute Abend aufgetaucht,
weil die Kapelle Bargeld braucht.

*

Mutige Altneihauser-Begrüßung bei besonders vornehmer Gesellschaft:

Man war absolut der Meinung,
dass, dank der Erscheinung,
die Kapelle zum Ambiente
und zur Gesellschaft passen könnte.

Bei einer Firma, deren Chef genauso betagt wie schwerhörig war, stellte ich uns so vor:

Orchester, die schlecht klingen
und deren Töne oft misslingen,
haben ihn noch nie gestört,
ein Vorteil, wenn man schlechter hört.

*

Ein Trupp von miserablen Leuten,
die sich vor jeder Arbeit scheuten,
wenn sie sich ans Löschen machten,
was noch stand zum Einsturz brachten,
aus Faulheit alles brennen ließen,
zur Arbeit kein Talent bewiesen,
und bei Bränden nur im Wege standen
oder nicht zum Brandort fanden.

*

Neun Mann mit Instrumenten,
die in der Meinung, dass sie's könnten,
trotz zu erwartender Beschwerden
nun wie befürchtet spielen werden.

Der Kapelle fehlt es an Niveau,
deshalb kann sie durchaus froh
jegliches Niveau riskier'n,
wer kein's hat, kann kein's verlier'n!

*

Musikalisch ist der Abend seicht, zu mehr hat's leider nicht gereicht

Durch das Elend unserer musikalischen Situation sah ich mich also gezwungen, für jeden Anlass, zu dem wir gerufen wurden, eine individuell gereimte Ansprache zu verfassen. Dies tat ich anfangs handschriftlich auf Papier. Damals ging ich noch einer Vollzeitbeschäftigung in einer Porzellanfabrik nach. Meine Texte sog ich mir daher in den Stunden nach Feierabend aus dem Hirn. Dem Schreiben ging eine intensive Recherche über den oder die Betroffenen voraus. Ich bekam entweder schriftlich Stichpunkte von Informanten aus dem nächsten Umfeld oder musste mir die Details auf verschlungenen Wegen erfragen.

Unsere Auftritte waren oft als Überraschung geplant, und die Vorbereitungen unterlagen der Geheimhaltung. Fast konspirative Treffen mit den Auftraggebern bei Nacht und Nebel in Küchen, Kellern oder auf Dachböden privater Häuser, in Gartenhäuschen oder in schummrig beleuchteten Hinterzimmern von Wirtshäusern wurden anberaumt. Ein V-Mann oder mehrere Auskunftsfreudige aus dem Dunstkreis der Person, der die zweifelhafte Ehre unseres Erscheinens zuteil werden sollte, überschwemmten mich mit teils pikanten Details und warfen mir mündlich Brocken ihrer Erinnerung zum Fraß vor. Ich notierte, soviel ich konnte und bis mir der Kopf schwirrte. Dann wurde ich in die Kälte der Nacht entlassen. Wie verrückt muss man sein, sich so etwas anzutun? Seine Nase in die seelischen Abgründe Wildfremder zu stecken und dann auch noch zu versprechen, etwas Lustiges daraus zu machen. Absolut idiotisch, seine Freizeit so zu verbringen – aber sehr interessant. Was man nicht alles so erfährt. Natürlich habe ich im Interesse meiner körperlichen Unversehrtheit viele Interna, von denen ich im Mitteilungs-Enthusiasmus meiner Gesprächspartner Kenntnis erlangt habe, nicht verwertet. Sie schlummern im hintersten Winkel meines Herzens. Bis jetzt ist es mir gelungen, sie auch bei extremer Geldnot nicht zu erpresserischen Zwecken einzusetzen. Möge das im Sinne der noch lebenden Personen, die schon einmal in das Fadenkreuz einer *Altneihauser*-Reimattacke gerieten, auch so bleiben.

Es kam vor, dass wir von Verwandten hinter dem Rücken des Geburtstagskindes engagiert wurden und sich dann noch der Jubilar selber bei mir meldete, um uns zu buchen. Je nachdem, wer früher dran war, wurde ich von der einen oder von der anderen Seite vorgewarnt, dass das geschehen würde. Den ebenso eindringlichen wie ernstzunehmenden Ermahnungen meiner Auftraggeber folgend, legte ich mir eine ganze Palette an Ausflüchten oder vielmehr Notlügen parat, um die Zweitanfragen abzuwimmeln:

Bei meinem Tubaspieler – übrigens ein hauptberuflicher Rindviehhalter vor dem Herrn – stünden mehrere Kühe zum Kälbern an.

Sämtliche Blechblasinstrumente seien zwecks Innenreinigung beim Instrumentenbauer. Der sei davon an Burnout erkrankt und dürfe wegen Seuchengefahr die nächsten Wochen die Werkstatt nicht mehr betreten.

Zwei *Altneihauser* seien beim Hausbau, davon habe einer Richtfest und beim zweiten habe sich der Fliesenleger angesagt, der zur Zeit einsitzt, aber übers Wochenende Freigang bekommt.

Der Erbonkel unseres Großen Trommlers habe fünfundneunzigsten Geburtstag und da müssen wir schon aus materiellen Motiven unbedingt hin. Die Feier sei auch noch in einer entlegenen Gastwirtschaft in schwer zugänglichem Gelände mehrere hundert Kilometer entfernt.

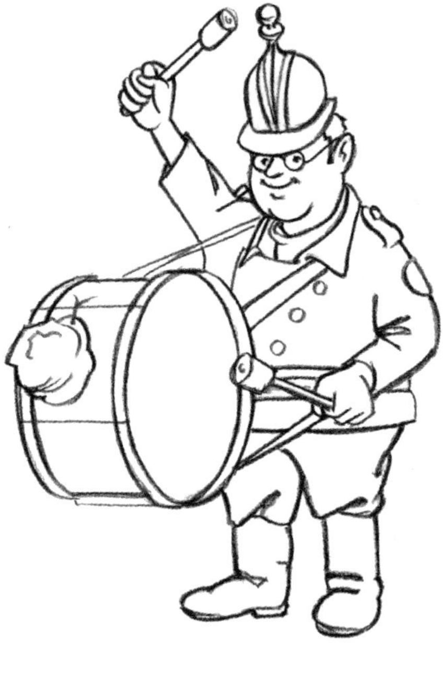

Die Notwendigkeit, meine Ausrede damit zu dramatisieren, dass wir an angefragten Abenden unüberwindbar weit weg seien, habe ich erst erkannt, nachdem einige Hartnäckige meinten, wir könnten ja später auch noch vorbeikommen. Bis früh um drei wäre kein Problem.

Gott sei Dank haben alle meine *Altneihauser* einen ordentlichen Beruf erlernt und gehen immer noch einer legalen Vollzeitbeschäftigung abseits der Musik nach. Sie müssen also nicht von dieser wackeligen Kunst leben. Der Schicht- und Wochenenddienst einiger meiner Musikanten gab Anlass genug, viele Festivitäten dadurch aufzuwerten, dass wir nicht kommen konnten. Es lag nahe, den Schichtdienst auch bei den prophezeiten Anfragen der Opfer, für die wir bereits bestellt waren und die wir weisungsgemäß mit nein zu beantworten hatten, einzusetzen. Vor allem die Wochenenddienste waren ideal für die notgedrungene Konstruktion von Ausflüchten. Vielen musste ich auf diese Weise weismachen, dass wir zum gewünschten Anlass leider nicht kommen können – und dann kamen wir doch. Ich erinnere mich noch gut an die erschütterten Mienen von zentralen Figuren, denen ich in meiner Not vorgeflunkert hatte, dass wir sie zu ihrem Fest unbehelligt lassen müssten. Manche konnten dann bei unserem plötzlichen Anblick das Wasser nicht mehr halten ... und ließen ihren Tränen freien Lauf. Wirklich rührende Momente, in denen einem soviel Sympathie entgegenschlägt. Und das, obwohl die *Altneihauser* alles tun, um auf keinen Fall sympathisch zu wirken: ein nicht zu erklärender Widerspruch, wie so vieles an dieser Kapelle.

Der Fahne verhaftet

Der mir selbst auferlegte Irrsinn, für jedes Gastspiel eine eigene – ich nenne es – „Humoristische Laudatio“ zu schreiben, machte es mir unmöglich, die Texte auswendig vorzutragen. Das kam meiner Faulheit sehr entgegen und ich las mein ersonnenes Zeug einfach von Zetteln ab. Die zwei bis manchmal zehn oder sogar zwölf DIN-A4-Seiten faltete ich vorher akkurat zusammen und steckte sie in die Hosentasche. Darin befand sich auch ein Stofftaschentuch: eines von fünf Exemplaren, die ich als entlassener Wehrpflichtiger von der Bundeswehr zur Bestreitung meines weiteren Lebensweges mitbekommen habe: Rotzfahnen der Erinnerung an meinen Dienst bei der Fahne. Ich erlaube mir anzumerken: neben den langen oliven Unterhosen so ziemlich das einzige, was mir aus meiner Militärzeit als sinnvoll in Erinnerung geblieben ist. Der blassgraue Lappen in der Hosentasche war ideal, um sich die Zähne vorm Schwärzen damit trocken zu reiben. Er wurde eher selten gewechselt und war in entsprechendem Zustand. Bei Katarrh war er zusätzlich als Schneuztuch in Anwendung und auch über längeren Zeitraum hinweg außerordentlich aufnahmefähig.

Eines Abends – es muss in den Anfängen unseres Wirkens gewesen sein – waren wir wieder einmal bei einer Feier in ein Gasthaus eingezogen. Es erklang unser Tusch und mein Kommando „Stillgestanden!“. Nun wartete alles gespannt auf den Beginn meiner Rede. Ich auch, weil sich das Manuskript in meiner Hosentasche mit dem Taschentuch verheddert hatte. Vielleicht auch verklebt. Ich nestelte bis in den Schritt hinunter in meiner alten Hose herum und förderte schließlich statt meiner Zettel mein im Laufe der Wochen unansehnlich gewordenes Zahn- und Nasenputztuch zutage. Die Gäste lachten herzlich, ich verbiss es mir, mimte den Zerstreuten und stopfte den Lappen möglichst umständlich wieder zurück. Darunter litt mein in der Tasche zurückgebliebenes Manuskript, das ich schließlich total zerknüllt ins Licht der Öffentlichkeit zerrte. Ich hatte noch kein Wort gesagt und der Saal kugelte sich vor Lachen.

Der Zufall hatte mir einen wunderbaren Gag beschert. Was immer die gute Fee auch in meiner Hosentasche gesucht haben mag, sie zauberte mir auf diesem Wege ein Markenzeichen in meine Hose: das zerfledderte Manuskript des Kommandanten. Seither knülle ich meine Textblätter zusammen, bevor ich sie einstecke, um mich dann beim Auftritt im Chaos meiner Papierfetzen komödiantisch zu verzetteln. Ein herrliches Prozedere, das mir bis heute auf der Bühne einen Heidenspaß bereitet. Es hilft ungemein, die Mühe des Auswendiglernens zu umschiffen und Einfälle in letzter Minute in fertige Konzepte hineinzuflicken.

Ich danke der Fee des Zufalls, dem Katarrh und für den baumwollenen Nährboden des Ereignisses nicht zuletzt auch der Deutschen Bundeswehr.

Meiner fünfzehnmonatigen Dienstzeit beim Militär möchte ich bei dieser Gelegenheit noch einen Nachruf widmen:

Es galt, die Wehrpflicht zu erleiden,
erst in Bayreuth und dann in Weiden,
wo ich mich selbst und den Verstand
verlor fürs deutsche Vaterland.

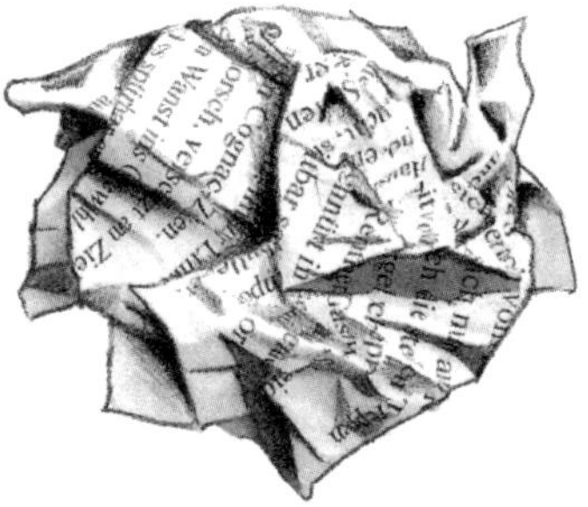

Im Auftrag der Gratulanten

Mit meinen *Altneihausern* und vielen von mir in unzähligen Stunden beschrifteten Zetteln grasten wir im Laufe der Jahre eine stattliche Anzahl von Örtlichkeiten ab. Als wir noch vorwiegend bei privaten Festen aufschlugen, waren runde Geburtstage das Kerngebiet unserer Aktivitäten. Wir knöpften uns Jubilare aller Altersstufen, Einkommens- und Gewichtsklassen vor. Ausschließlich auf Bestellung der Betroffenen oder auf Wunsch Dritter. Somit waren wir sozusagen aus der Haftung und die Verantwortung für das, was wir taten, trugen unsere Auftraggeber. Der dezente Hinweis, dass andere die Schuld an dem hatten, was wir anrichteten, lautete, wenn beispielsweise der Bruder Hans uns auf den Jubilar gehetzt hatte, so:

> Bruder Hänschen hat vom letzten Geld
> diesen Haufen einbestellt.
> Gibt's Beschwerden uns'retwegen,
> nimmt er die Watschen gern entgegen.

Die Texte waren also alles andere als Lobeshymnen. Vorgezogene Kranzniederlegungsansprachen, wie sie bei Geburtstagen häufig zu hören sind, entsprechen nicht meinem Naturell. Unsere Darbietungen zu Ehren des Geehrten waren mehr Spottverse. Mit ihnen sollte der Gastgeber zum Gaudium der Gäste gehörig auf die Schippe genommen werden. Wenn es sich anbot, wurde das Publikum mit einbezogen. Auch wir selber waren vor uns nicht sicher. Auf Basis unserer Selbstironie nahmen wir uns die amüsanten Frechheiten heraus, die unsere Opfer coram publico über sich ergehen lassen mussten. Ich betone ausdrücklich, dass es unaufrichtig wäre, hier zu sagen, uns täte irgendetwas leid. Im Gegenteil erfüllt es mich mit Freude und Genugtuung, so viele Geburtstagsfeiern in eine unerwartete und – zumindest aus unserer Sicht – positive Richtung gelenkt zu haben.

Der Leser möge anhand der nun folgenden Auszüge aus unbeschadet überstandenen Geburtstagsreden einen Eindruck gewinnen, wie wir verbal zu Werke gegangen sind. Juristische Schritte sind bis heute nicht gegen uns eingeleitet worden bzw. konnten bereits im Keim erstickt werden. Auch unsere Zähne schwärzen wir bis heute. Es kam zu keinen Zahnverlusten aufgrund mechanischer Einflüsse oder Handgreiflichkeiten.

Harmlose Einleitungen sollten den Ausrichter eines Geburtstages zunächst in Sicherheit wiegen:

> Die Geburt jährt sich ja oft im Leben
> und zwingt einen, was auszugeben,
> immer, wenn das Umfeld meint,
> dass die Jahreszahl geeignet scheint.

*

> Sein Geburtstag geht uns nah,
> und so sind viele heute da,
> ausschließlich und seinetwegen
> einen alten Brauch zu pflegen,

um im Verbund ihn einzukreisen
und aufs Höchste ihn zu preisen:
Leut', die nichts als Appetit mitbrachten
und teils sogar noch übernachten.

Obligatorisch musste ich dann natürlich auf die Zahl der Jahre kommen, die der oder die Angesprochene auf dem biologischen Betriebsstundenzähler hatte. Erspürte ich bei Damen, dass sie mit den Jahren ein Problem haben, sprach ich die Jahre nicht an und umschiffte die Fakten, um am Ende nicht selber ein Problem zu haben.

Der Grund des feuchten Empfanges
ist sein **30** Jahre langes
Leben, das sich heute jährt,
das ist schon ein paar Halbe wert.

*

Es ist sein **40.** Geburtstagsfest,
das ihn so weit kommen lässt,
dass er – fast verschwendungssüchtig
und skrupellos, als wär' es nichtig –
von Freibiergästen eingekreist,
das Geld heut' aus dem Fenster schmeißt.

*

Vor kurzem warf er nur zum Spaß
ein Auge in den Reisepass,
und da hat er registriert,
dass er tatsächlich **50** wird.

*

Mit **60** sagt der Optimist,
dass er ein junger Kerl ist
und die Optimistin spricht,
mal abgesehen vom Gesicht,
in das der Wind des Lebens blies
und ein paar Fältchen hinterließ,
ist man mit sechzig – je nach Pfleger –
noch ein frischer Feger,
sprich im Grund ein heißer Hase,
wenn auch in der Abkühlphase.

*

Trotz ausgeprägter Sparsamkeit
ist er mit **70** nun so weit,
dass ihm mal etwas Geld entweicht,
das fiel bisher ihm nie recht leicht.

*

Der Jubilar hat es geschafft,
ohne Knast und Einzelhaft,
trotz der ihn umgebenden Gestalten,
80 Jahre durchzuhalten.

*

Sind glatte **90** Jahre um,
kommt man nicht darum herum,
die, die einen da belästigen,
am Geburtstag zu verköstigen.

*

Die Geburt als solche ist ja Grundlage einer jeden Geburtstagsfeier. Sie und deren möglicher Hergang gaben Anlass zu weiteren Reimen und dieselben wiederum Anlass zu ersten Bedenken seitens der Angesprochenen. Die Jubilare erkannten die heraufziehende Gefährdung ihrer Seriosität durch die Zuspitzung der Verse und der Lage, der sie nun nicht mehr entrinnen konnten. Als Hauptdarsteller im Fokus sämtlicher Anwesenden mussten sie verharren und alles widerspruchslos hinnehmen. Eine prekäre Lage, die wir als Verursacher derselben sehr genossen. Ich stelle den folgenden Kostproben einen Reim über einen extrem sparsamen Siebzigjährigen voran, der eine Hausgeburt hinter sich hatte, die logischerweise und auch äußerlich gut erkennbar schon siebzig Jahre zurücklag:

Zahnlos, verrunzelt und entstellt,
kam er einst als Kind zur Welt,
auf den Tag genau vor **70** Jahren
im häuslichen Gebärverfahren,
um denen, die beteiligt waren
die Klinikkosten zu ersparen,
denn er war zu jener Zeit
bereits ein Kind der Sparsamkeit.

Um Geburt und Säuglingsdasein zu persiflieren, kam es noch zu weiteren gereimten Unterstellungen, die Jubilaren im Schussfeld einer *Altneihauser*-Geburtstagseinlage angedichtet wurden.

Die biologische Nebensache Vater:

Von Vater, Mutter einst zu zweit,
erzeugt in trauter Zweisamkeit,
trug aufgrund des Körperbaus
den Knaben seine Mutter aus,
der Vater sah nur zu in Ruh',
er hatte nicht das Zeug dazu.

*

Das dritte Kind und wieder kein Mädchen:

Vor fünfzig Jahren hergestellt,
kam er durch Geburt zur Welt.
Er war der dritte nach zwei schönen
viel bess'ren und passablen Söhnen,
und sollte nach den andern zwei'n
wunschgemäß ein Mädel sein.
Dass er keins ist, bei dem Gesicht,
verwundert den Betrachter nicht.

*

Aus ärmlichen Verhältnissen:

Nackt und völlig mittellos
schrie er als Säugling rigoros,
bis er sein Umfeld so erschütterte,
dass man ihn schließlich fütterte
und beschloss, trotz harter Zeiten,
seine Aufzucht einzuleiten.

*

Mit Ortsangabe der Niederkunft:

Neudorf hieß der Weiler,
ein bewohnter Fahrbahnteiler,
dort fiel auf Hildes Angesicht
zum ersten Mal das Erdenlicht.

*

Splitternackt und säuglingsblau,
schmächtig war sein Körperbau,
so tat er seinen ersten Schrei
am zwölften Tag im Monat Mai
des Jahres 1949,
anfangs roch der Knabe würzig,
denn er aß und trank recht viel
und ließ das Zeug im Durchlaufstil,
flüssig, auch in Form von Haufen,
direkt in die Windeln laufen,
mit säuglingshafter Unvernunft,
in Neustadt war die Niederkunft.

*

Für eine gesprächige Landpomeranze:

Die Eltern wohnten auf dem Lande
und brachten sie als Kind zustande,
dort, wo viel Gras und Rindvieh wächst,
und sie schrie – erst ohne Text –
als Säugling laut und selten stumm
den lieben langen Tag herum.

*

Für einen Choleriker:

Er überlebte den Gebärvorgang,
der augenscheinlich auch gelang
und stieß in einem Krankenhaus
die allerersten Schreie aus.
Noch heute schreit er gern herum
und fragt sich erst danach warum.

*

Typisch weiblich:

Ohne Hab' und Gut und Geld
erblickte sie das Licht der Welt
als Kind des weiblichen Geschlechts
mit typisch weiblichem Gekrächz.

*

Für stattliche bis beleibte Herren
(bei analog gebauten Damen nicht anwenden!):

Als Säugling wurde er geboren,
den Status hat er längst verloren,
und dass er als Säugling gar
mal leicht wie eine Feder war,
fällt dem Betrachter heutzutage
schwer zu glauben, ohne Frage.

*

Um den Knaben herzustellen,
verschmolzen winzig kleine Zellen,
die sich vom Säugling übern Knaben
kolossal entwickelt haben.

*

Die Leibeszier aus Haut und Flachsen
ist erst mit der Zeit gewachsen,
denn als er ankam hier auf Erden,
war er ohne Pfundbeschwerden,
sprich damals beim Geburtsvorgang
war sein schöner Bauchumfang
noch so gut wie nicht vorhanden,
die Wölbung ist danach entstanden.

*

Sein Lächeln blieb ihm, aber nicht
sein damaliges Gewicht,
denn bei dem, was er verspeiste,
wuchs er nicht allein im Geiste.

*

Vor sechzig Jahren – gut bestückt –
hat er das Licht der Welt erblickt,
die Zeugung der Erzieher
war entsprechend früher,
so dass er – als man ihn gebar –
an allen Gliedern fertig war.
Die Eltern überprüften ihn
und man beschloss, ihn aufzuzieh'n.

*

In den drei Jahrzehnten, in denen die *Altneihauser* bei unzähligen Festivitäten verbrannte Erde hinterlassen haben, war nur ein hundertster Geburtstag darunter. Der Mensch hält für gewöhnlich nicht so lange. Hundertjährige sind daher rar und diejenigen unter ihnen, die in diesem Alter noch die *Altneihauser* wegstecken, sind die absolute Ausnahme. Die robuste Dame, bei der wir eines Vormittags anlässlich ihres einhundertsten Geburtstages aufzogen, nahm uns huldvoll und milde lächelnd zur Kenntnis. Sie hatte schon Schlimmeres erlebt. Der Bürgermeister und der Sekt lagen ihr mehr am Herzen als unser Ständchen. Das Glas Bier, das sie seit annähernd einhundert Jahren täglich zu sich nahm, trank sie zur Feier des Tages, oder weil wir sie noch vor dem Mittagessen verlassen haben, ausnahmsweise schon am Vormittag. Als ein Foto von der Dame und mir in unserer Heimatzeitung erschien, gab es trockene Kommentare, unter anderem, dass man nicht wüsste, wer denn nun auf dem Bild hundert Jahre alt sei. Seither sind wir nie wieder bei Hundertjährigen aufgetreten.

Sie lud sich ein paar Leute ein
(die meisten dürften jünger sein),
weil ihr das **100**. Geburtstagsfest
keine and're Wahl mehr lässt.

*

Die Dreistigkeit, jemanden an seinem Geburtstag falscher Angaben und eines höheren Alters zu verdächtigen, wurde dann bei einem Achtundachtzigjährigen angewendet:

Augenzeugen, die des Knaben
Geburt dereinst gesehen haben,
sind aus biologischen Gründen
heute nicht mehr aufzufinden,
so dass wir davon ausgeh'n müssen
(ohne es genau zu wissen),
die achtundachtzig, die der Jubilar
uns nannte, sind auch wahr.
Das deckt sich mit dem äuß'ren Schein,
älter wird er schon nicht sein.

Reim für einen Professor, der das Pech hatte, in Berlin geboren zu sein:

Wider jeglicher Vernunft,
war in Berlin die Niederkunft.
Klaus Jürgen hat man ihn geheiß'n,
es handelt sich um einen Preiß'n,
und aus des Säuglings Rückenlage
trat die Berliner Luft zutage.

*

Kindheit und Jugend der be- und getroffenen Personen, basierend auf nüchternen Angaben in den mir zugespielten Lebensläufen, wurden so lange meinen Denkprozessen unterworfen, bis am Ende Verse wie die nachfolgenden für die Fortsetzung des schadenfrohen Gelächters beim Publikum sorgten:

Dem Säugling wuchsen Kräfte
zur Verrichtung der Geschäfte,
die er mit solcher Kraft vollbrachte,
was es häufig nötig machte,
ihn mit Windeln auszurüsten
und mehrmals täglich auszumisten.

*

Gottlob, er nässte nicht mehr ein,
der Knabe wurde stubenrein,
begann damit, herumzukriechen
und nicht mehr so streng zu riechen.

*

Mit den Jahren, die verstrichen,
ist das Kind aus ihm gewichen.
Die Pubertät wird überstanden sein
(zumindest nach dem äuß'ren Schein)
und die Jugend, wie ich seh',
sagte ja bereits Adieu.

*

Drahtiger Jubilar:

Erst kam das Haar, dann ging es aus,
man ließ ihn an die Luft hinaus,
er wuchs ein bisschen, auch das Haar,
obwohl er sonst so schmächtig war.

Er war so klein und gab sich Mühe,
zum Frühstück gab es Hühnerbrühe,
doch die Brühe schlug nicht an,
er war und blieb ein dürrer Hahn,
der Fett bloß in den Federn hatte,
er war wie eine Holzzaunlatte.

*

Übergewichtiger Jubilar:

Das Wachstum in der Vertikalen
war problemlos zu bezahlen,
waagrecht doch pflegt er dagegen
bis heute teuer zuzulegen.

*

Übergewichtiger und weiser Jubilar:

Ihm wuchsen Haare auf der Platte,
wo er als Säugling keine hatte,
und er nahm zu an Weisheit und Gewicht,
die Pfunde sieht man, Weisheit nicht!

*

Geborener Cheftyp:

Arbeit körperlicher Art,
hat er sich, wo's ging, erspart.
Sein Plan von früher Kindheit an:
Mit den Gliedmaßen wird nichts getan!
Er wird vielmehr am Schreibtisch sitzen,
die Ohren und den Bleistift spitzen,
telefonieren und diktieren,
Untergebene regieren,
sie anweisen, nichts zu vergessen
und am Abend schön was essen.

Betrachtet man, was er so tut,
gelingt ihm das bis heute gut!

Um vor Arbeit sich zu schützen,
gibt er vor, zehn Daumen zu besitzen,
in denen, an zwei linken Händen,
seine beiden Arme enden.

Mit dieser Einstellung zeitlebens,
war jede Anstrengung vergebens,
ihm Tätigkeiten aufzudrängen,
an welchen Schweiß und Muskeln hängen.

Folglich ist hier zu bekunden,
die Arbeit hat er nicht erfunden!

*

Für einen Casanova:

Seine Zeit von Sturm und Drang
dauerte bekanntlich lang,
und er sammelte recht eifrig Felle
als unheilbarer Junggeselle.

*

Obwohl wir mit unseren Gastgebern nicht gerade zimperlich umgehen, kommt es bis heute vor, dass wir von ganz besonders Dickhäutigen ein zweites Mal eingeladen werden. Wir waren bei Fünfundsiebzigjährigen, die uns trotz unseres Auftritts bei ihrem Sechzigsten erneut haben wollten. Nach fünfzehn Jahren waren sozusagen die Wunden verheilt. Die Jubilare waren psychisch so weit stabil und glaubten sich in der Lage, einen weiteren Aufmarsch der *Altneihauser* verkraften zu können. Die Gesellschaft war ziemlich dieselbe und hatte angeblich auch wieder nach uns verlangt. Das beteuerten zumindest unsere Auftraggeber. Sofern sie das glaubhaft taten und uns überzeugten, ohne uns ginge es nicht, rückten wir, kaum dass eineinhalb Jahrzehnte um waren, demselben Jubilar samt seiner nahezu unveränderten Gratulationscour wieder auf die Pelle. Diejenigen, die beim Geburtstagskind zwischenzeitlich in Ungnade oder dem Ableben zum Opfer gefallen waren, waren nicht mehr da. Aber die fünfzehn seit unserer letzten Begegnung verstrichenen Jahre haben unsere schon immer extrem alt gehaltene Aura scheinbar nicht verändert. Die Stammgäste erkannten uns auf Anhieb wieder. Umgekehrt war es schon schwieriger. Manche wiesen einen

Zugewinn an Pfunden auf, der ebenso stattlich war wie die Reduktion des Haupthaares. An markanten, mir im Gedächtnis gebliebenen Persönlichkeiten stellte ich neue Gebisse und Ehefrauen fest. Das Stammpublikum fühlte sich bei unserem Anblick gleich fünfzehn Jahre jünger und war ganz aus dem Häuschen, vor allem dann, wenn wir versprachen, zu einem dritten Auftritt in fünfzehn Jahren wiederzukommen.

Die Gäste sind ein wesentlicher Bestandteil jeder Festivität. Der Mensch umgibt sich an Festtagen gerne mit Mitmenschen, die er auf seine oder – mit etwas Geschick – auf Kosten Dritter bewirten lässt. Sie werden in der Regel eingeladen. Es gibt auch Kaltschnäuzige, die ohne Aufforderung auftauchen, wo sie es für richtig halten.

Zugegeben eine kleine Minderheit, aber es gibt sie. Oblag es uns, die Gesellschaft zu begrüßen, haben wir diese Randgruppe sicherheitshalber immer mit einbezogen. Erfahrungsgemäß gibt es unter den Eingeladenen stets welche, die zwar irgendwelcher Umstände halber eingeladen sind, zu denen aber die Zuneigung des Einladenden ein überschaubares Ausmaß hat. Im Verlauf meiner Reden habe ich mich immer aller, auch der nicht so Hochwillkommenen, angenommen. Von „lieben Gästen" daherzusäuseln, überließen wir den Vor- oder Nachruf-Rednern. Nicht umsonst wird von uns gesagt, dass wir den Gaul andersherum aufzäumen und dass bei uns die Gäule bzw. die Gäste auf alles gefasst sein müssen. Wir titulierten die Anwesenden äußerst gewagt. Die Legitimation, selbst noch so ehrwürdige Kreise in flapsiger Unverschämtheit in die satirischen Reimreden mit einbeziehen zu dürfen, beruhte darauf, dass wir uns selbst gehörig auf den Arm nahmen. Wir taten alles, damit man uns nicht für voll nahm, und dann revanchierten wir uns mit gleicher Münze. Das Vokabular, das wir für Hilfsarbeiter, Spengler, Medizinprofessoren bis hinauf zu Ministern, Kanzlern und was uns sonst noch vor die Rohre kam, eingesetzt und zum Teil extra erfunden haben, gebe ich in Auszügen hier wieder. Es galt, zunächst den Mut aufzubringen und danach das Publikum. Waren Mut und Publikum aufgebracht, sahen wir unsere Mission als erfüllt an.

Für vornehme Gesellschaften:

Es kamen, um mal aufzulisten,
viele, die nicht da sein müssten,
Wohlhabende, Verschuldete,
Erwünschte und Geduldete,
ein großer Haufen von Bekannten,
die unvermeidlichen Verwandten,
diverse Weiß- und Rotweinbüsten,
die sich mit ihrer Freundschaft brüsten,
Wegbereiter, Wegbegleiter,
und so weiter, und so weiter,
kurz: Es kam die Gästeschar,
die befürchtet worden war.

Für weniger vornehme und künstlerische Gesellschaften:

Im Kreis diversester Gestalten
beschloss sie, heute Hof zu halten:
Unbedeutende und Prominente,
Untätige und Volk in Rente,
Lebenskünstler und Verkrachte,
die die Kunst zu solchen machte,
die noch befreundeten Verwandten,
die ihr fast die Tür einrannten,
Großgrundbesitzer, Mediziner
und ähnliche Geringverdiener,
verbrauchte, junge, alte Hasen
und ein Haufen Freibiernasen
kamen, um mit ihr zu tafeln
und sie endlos vollzuschwafeln.

*

Kosten egal:

Vom Datum der Geburt gezwungen,
hat er sich heute durchgerungen,
Leute aus diversen Kreisen
mit einer Mahlzeit abzuspeisen
und Musikanten anzuheuern,
die das Fest enorm verteuern,
doch das ist in seinem Fall
den Gästen wurscht und uns egal.

*

Für grobschlächtige Gesellschaften:

Bewährte Freibier-Reisende
und Unmengen verspeisende
Leute aus diversen Schichten,
die auf kein Buffet verzichten,
Personen, die zu großen Teilen
gern in seinem Dunstkreis weilen,
Vorstände, Vereinsvertreter,
Festredner und Festtrompeter,
große Leuchten, kleine Lichter,
und Leberkäsgesichter
kamen, um ihm schuldigen
Respekt zu zollen und zu huldigen.

*

Bürgermeister unter den Gästen:

Der Bürgermeister, all'n voran,
sagte sich als Erster an,
weil er solche Feste liebt,
wo es alles gratis gibt.

*

Im Schutz der Dunkelheit

Wir tasteten uns über jahrelanges Herumstolpern bei privaten Feiern und Miniaturfesten an das Showbusiness heran. Zuerst nur lokal bekannt, engagierte man uns im engen Radius um Windischeschenbach herum, ein kleines Städtchen im Oberpfälzer Wald nahe der tschechischen Grenze. Da waren Geburtstagsfeiern mitunter in ebenso schrecklichen wie abgelegenen Gasthäusern und nebulösen Lokalitäten der Umgebung. Auf der Suche nach den Dörfern, Einöden, Wirtshäusern, Feldscheunen, umfunktionierten Kuhställen, Waldlichtungen, überheizten Hinterzimmern, modrigen Waschküchen usw. fuhren wir bei Nacht und Nebel mit einem ausgeliehenen und notdürftig bestuhlten Lieferwagen durch die Flur, fertig kostümiert und mit geschwärzten Gesichtern. Das Gefährt war dort, wo es nicht verrostet oder abgeschrammt war, mal hellblau gewesen. An und für sich schon ein einmaliger Anblick, aber wenn wir dicht gedrängt drinsaßen und wie Saatkrähen durch die Scheiben nach draußen schauten, richtig beängstigend. Deshalb schwärmten wir nach Möglichkeit erst aus, wenn es Nacht geworden war. Das machte das Auffinden der Gastspielorte nicht einfacher.

Im Fahrzeug befanden sich Sitze, die vor jeder Abfahrt eigenhändig montiert werden mussten, aber kein Navigationsgerät. Das war in jenen Jahren in unseren Breiten noch nicht bekannt. Ich glaube auch nicht, dass ein Navi überhaupt in der Lage gewesen wäre, uns zu den

Flurstücken zu lotsen, für die wir engagiert wurden. Es waren Adressen darunter, die bis heute kein Navi annimmt. Unser GPS war eine zerfledderte Landkarte im Maßstab 1 : 150 000, und der Beifahrer – das war ich. Schließlich hatte ich früher einmal Omnibus, Lastwagen und Taxi gefahren. Ich kannte unsere dünn besiedelte Gegend, und wenn wir irgendwohin mussten, wohin kein normaler Mensch will, dann brachte ich uns mithilfe der Karte von dort auch wieder weg.

Kleiner Bekanntheitsgrad, Aktionsradius und unser schmächtiges Programm machten es möglich, an einem Abend bei mehreren Feiern einzuziehen. Der Rekord lag bei fünf Auftritten hintereinander. Aus Zeitgründen mussten wir bei solchen Abendtourneen die Einladungen zum Essen, die wir sonst liebend gern annahmen, ablehnen. Höchstens eine Runde Schnaps im Hinausgehen war zeitlich und physisch zu verantworten. Derjenige von uns, der den Kleinbus fuhr, bekam keinen; folglich musste ein anderer zwei trinken.

Weiter ging es zum nächsten Umtrunk. Die Stimmung stieg und nach dem letzten Auftritt kosteten wir dann die Einladung, „doch noch etwas zu bleiben“, voll aus. Da war es schon mal drei Uhr in der Frühe, als wir uns durch die stockfinstere Nacht und den Bodennebel davonmachten.

Nach fünf Minuten schlief die ganze Meute mit angelehnten Köpfen hinter angelaufenen Fensterscheiben. Im Gepäckraum stapelten sich die wüst verstauten

Gerätschaften, Koffer und Helme scheuerten am Heckfenster. Der Fahrer stierte mit seinem Rußgesicht durch die Frontscheibe, Beifahrer unkenntlich, uniformiert, Kopf mit Helm hängt in eine Landkarte.

Auffällig gebrauchtes Fahrzeug. Kein Wunder, dass wir so auf einsamer Landstraße in einer Winternacht in den Fokus einer Zivilstreife gerieten. Ich weiß nicht, ob unser Mann am Steuer bemerkt hat, dass uns der Wagen schon geraume Zeit hinterherfuhr. Am Ortseingang von Amberg, dort wo die Straße breit und durchgehend beleuchtet ist, wurden wir jedenfalls plötzlich scharf überholt. Das Auto scherte knapp vor uns ein, stoppte abrupt und brachte uns so zum Stehen. Zwei Mann in Jeans und Freizeitjacken sprangen aus dem Wagen und rannten auf uns zu. Die Lichtkegel ihrer langen Stabtaschenlampen schossen sich auf uns ein. Den rechten Arm hatten beide auf Hüfthöhe so seltsam hinter dem Körper. Einer näherte sich forsch unserem Fahrer, der andere umrundete unsere Kiste und leuchtete hektisch durch sämtliche Scheiben herein. Mit unseren angeschmierten Visagen haben wir hinausgeschaut wie die Stallhasen.

Die Beamten waren sehr angespannt. Wir waren schließlich zu acht. Jetzt bloß nicht die Nerven verlieren. In die Kontrolle der Papiere unseres Fahrers hinein rief ich vom Beifahrersitz aus hinüber, dass wir eine Showkapelle sind. Wir kommen von einem Auftritt und nach Auftritten sehen wir immer so aus. Von den Polizisten fiel eine Zentnerlast ab. So wie wir durch die Gegend fuhren, hielten sie uns vermutlich für eine paramilitärische Wehrsportgruppe.

Nachdem sich herausgestellt hatte, dass wir nicht vorhatten, eine Kaserne oder ein Kernkraftwerk zu überfallen, schmunzelten die Beamten. Vor lauter Freude darüber, dass ihnen eine bewaffnete Auseinandersetzung mit acht Guerillas, bei der sie wahrscheinlich den Kürzeren gezogen hätten, erspart blieb, brachen sie die Kontrolle gleich ab. Freundlich nahmen sie ihren rechten Arm wieder vom Hüftholster. Wir gingen auseinander, ohne dass ein Schuss fiel, und fuhren unserer Wege in die nur mehr kurze Nacht hinein.

Mit lichtscheuem Gesindel wurden wir nach diesem Ereignis noch öfter verwechselt. Fahrten im Bühnenoutfit in besorgniserregenden Fahrzeugen haben wir später aufgegeben. Die Gefahr, in eine Schießerei mit der Staatsgewalt zu geraten, war einfach zu groß.

Auf Abwegen

Als Texter und Navigationsgerät der *Altneihauser* recherchiere ich vorab immer genau, vor wem wir spielen und wie der Auftrittsort auf dem Landweg zu erreichen ist. Ergaben meine Ermittlungen, dass der Tatort auch nur einen Hauch von Abgeschiedenheit hatte, unterstellte ich, das „schwer zugängliche" Terrain sei absichtlich gewählt worden. Die Begründung hierfür las sich in meinen Reimen dann so:

Stadtflucht:

Schließlich ist die Frau nicht dumm,
sie sah sich auf dem Lande um
und beschloss, der Preise wegen,
weit von jeder Stadt gelegen,
das Fest in einem ziemlich alten
Haus in der Prärie zu halten,
in einem Tempel, der den Eindruck macht,
als ob er gleich zusammenkracht,
und der aus Gründen der Gefahr,
für wenig Geld zu kriegen war.
Die Feier, die sie heute hält,
feiert sie am End' der Welt,
um zu unterbinden,
dass sie **zu** Viele finden,
für die sie dann zum Schluss
die Zeche übernehmen muss.

*

Waldwirtshaus:

Der Tatort für den Hinterhalt,
sprich das Wirtshaus, ist sehr alt,
und – so wie das Ding ausschaut –
mit Recht in einen Wald gebaut.
Er fand es gut, sich zu verschanzen,
nicht dass Hinz und Kunz antanzen
und sich bis hinauf zum Kragen
ungehemmt den Wanst vollschlagen.

*

Im Feststadel:

Er verlegte zwecks der Kosten
seine Feier in den Osten
und wegen mickrigen Gehalts
in einen Stadel in der Oberpfalz,
wo ihm suspekte Hofruinen
nur für diese Gäste dienen,
die Kraft bewiesen, es zu wagen,
sich bis hierher durchzufragen.

*

Auf Rentenbasis 1:

Er wählte hinter seinem Haus
fürs Fest sich die Garage aus,
weil er sich als Rentnersmann
nichts Besseres mehr leisten kann.

*

Auf Rentenbasis 2:

Er feiert auf dem flachen Land
in einem alten Unterstand
und seiner knappen Rente wegen,
absichtlich recht abgelegen,
damit nicht, völlig ungeniert,
zu viel Volk ins Haus marschiert,
das denkt, dass es sein bisschen Rente
hemmungslos versaufen könnte.

*

Abschreckung zwecklos:

Die Bude ist bei ihren Festen
immer vollgestopft mit Gästen,
die sich mit Speis' und guten Tropfen
ihr zur Ehr' den Wanst vollstopfen.
Und wählt sie, weit weg von zu Haus',
selbst einsamstes Gelände aus
mit noch so schlechten Anfahrtsstrecken –
die Meute ist nicht abzuschrecken.

*

Um ihm hinterherzuzieh'n,
musste sich das Volk bemüh'n
in ein Zelt auf freiem Feld
am absoluten End' der Welt,
genial getarnt und gut versteckt,
doch das Volk hat es entdeckt.

*

Raumnot:

Die Schnapsdrosseln und Freibierlerchen
beschloss er, in ein Haus zu pferchen,
das er – absichtlich zu klein gewählt –
für absolut geeignet hält,
das Heer von Leberkäs-Gestalten
zwecks Budget recht klein zu halten.

*

Raffiniert hat sich der alte Knochen
in einem Bauernhof verkrochen,
um jetzt all die Leut' in Scharen,
die nicht abzubringen waren,
heute Abend anzureisen,
in einem Kuhstall abzuspeisen.

*

Auf Brautschau

Hochverehrte Hochzeitstafel,
wir bitten Sie, nun Ihr Geschwafel
ein paar Minuten stumm zu schalten
und tunlichst Ihren Rand zu halten!

Auf wie vielen Hochzeiten wir mit den *Altneihausern* getanzt haben, weiß ich nicht mehr. Es waren jede Menge Braut-, Gold-, Silber- und sonstige Paare – auch gleichgeschlechtliche –, bei denen wir eingefallen sind. „Getanzt" im wörtlichen Sinn haben wir äußerst selten. Wurden wir eingeladen, nach dem Auftritt noch zu bleiben und kamen wir der Einladung nach, weil wir hernach nichts mehr vorhatten, weil es ein besonders leckeres Essen gab und weil uns die anwesenden Damen mit ihren Blicken förmlich festhielten, dann ist es hie und da passiert. Wohl dem höheren Alkoholpegel geschuldet, zeigte unser abstoßendes Aussehen samt Rußgeruch bei den Frauen nach geraumer Zeit keine Wirkung mehr. Die Erprobtesten unter ihnen zerrten uns auf die Tanzfläche. Kam es beim Small Talk zu überwiegend missglückten Tanzschritten, gaben wir unseren Stiefeln die Schuld. Ob die Damen anhand ihrer blauen Zehen anderntags noch in der Lage waren nachzuvollziehen, wer dieselben verursacht hat, wage ich zu bezweifeln. Über die Tanzfläche hinausgehende Zusammenstöße meiner *Altneihauser* mit den Zufallsbekanntschaften sind mir nicht bekannt.

Mehrheitlich waren es normale, nicht exzessive Vermählungsfeiern, vereinzelt auch spezielle Konstellationen mit Kindern aus früheren Ehen oder anwesenden Partnern aus erster, zweiter oder dritter Ehe. Es gab Fälle, da stand die Braut kurz vor der Niederkunft oder hatte bereits eine oder mehrere hinter sich. Da ist der Satiriker gefordert. Man braucht schon einiges an Nerven bei den Einweisungsgesprächen mit den Auftraggebern, bis man die geschilderten Zustände überrissen und die zum Teil verworrenen Details verstanden bzw. verdaut hat.

Es ist schon interessant, wie es im Leben zugehen kann. Meine Ansprachen waren dann das Ergebnis der Angaben, die ich für verwertbar hielt und deren gereimte Verwurstung ich verantworten konnte. Eine Fülle von Einblicken, die mir meine Hinterfrauen und -männer oder das Brautpaar selbst gewährt haben, habe ich für mich behalten oder so verschleiert in den Text eingebaut, dass nur Insider wissen konnten, worauf die nebulösen Formulierungen anspielen. Da ich mein persönliches Wohlbefinden und nachgelagert das der Paare, die uns untergekommen sind, nicht aufs Spiel setzen will, beschränke ich mich bei den folgenden Kostproben wieder auf allgemeine Aussagen.

In nachfolgenden Texten vorkommende Namen sind, sofern sie des Reimes wegen gebraucht werden, verändert worden. Nicht notwendige Namen wurden nicht verändert; sie wurden weggelassen. Da bei Reden vor Hochzeitsgesellschaften das Brautpaar im Mittelpunkt stehen will und soll, kann man die Brautleute getrost unverblümt ansprechen:

Herr Bräutigam, verehrte Braut,
man hat uns etwas anvertraut
aus Ihrer beider Leben
mit der Bitte, es nicht preiszugeben,
weshalb wir auch nicht zaudern,
es unverhohlen auszuplaudern.

*

Artgerechte Haltung:

Die Frau hat, wie vom Mann erbeten,
die Flucht nach vorne angetreten,
beschloss, sich dieses armen
Bürschleins zu erbarmen,
ihn heute sich der Ehe wegen
mit offiziellem Kirchensegen
lebenslänglich zuzulegen,
ihn zu hegen und zu pflegen
und, falls er altert, auch mit Falten
artgerecht daheim zu halten.

*

Mann am Hals:

Es nahm die Braut ihn kurzerhand
zu sich in den Ehestand
und dank dieses Zwischenfalls
hat sie jetzt den Mann am Hals.

*

Wunschgedanken 1:

Er wünscht sich von der Braut,
dass sie auf ihn schaut,
auf ihn baut und ihm vertraut,
und dass sie ihn nicht haut.

*

Wunschgedanken 2:

Es gab die Braut trotz seiner Schwächen
dem Bräutigam jetzt das Versprechen,
zeitlebens auf ihn aufzupassen
und ihn an sich heranzulassen.

*

Vorspiel:

Hartnäckig blieb der Mann vor Ort,
hat immer wieder nachgebohrt
bis er letztendlich Zugang fand,
das endete im Ehestand.

*

Liebe macht blind:

Die Frau ist auf den Mann versessen
und nahm denselben selbstvergessen,
was wohl an der Liebe liegt –
die hätt' was Bess'res auch gekriegt.

*

Reifer Bräutigam – junge Braut:

Der Anblick alter Sachen
scheint der Braut nichts auszumachen.

*

Braut vom Hühnerhof:

Der Schwiegermutter Hühnerfarm
erhöhte bei der Braut den Charme,
weil Meiers sehr pragmatisch denken,
wenn sie einen Sohn verschenken,
denn sollten schlechte Zeiten kommen,
werden Eier gern genommen
und wer Verwandte hat mit Eiern,
spart auch Geld bei Hochzeitsfeiern,
denn man nimmt zum Kuchenbacken,
was Schwiegermutters Hühner kack... legen.

*

Bräutigam ist Angler:

Auch beim Angeln hatte er oft Glück
und zog am Schnürchen manches Stück
aus dem Wasser an das Land
(was es war, ist nicht bekannt),
doch kein Fang, wohin man schaut,
ist vergleichbar mit der Braut.

*

Bräutigam kommt aus der Land- und Gastwirtschaft:

Er hat als Kind schon Tag und Nacht
daheim im Wirtshaus zugebracht
bei Bierdunst, Wurst und Schweinemist,
was bei dem Vater auch kein Wunder ist.

*

Braut hat Schwester mit Metzgerei:

Von der Braut die Schwester
versorgt bekanntlich alle Nester
in der näheren Umgebung
nicht nur mit Verpflegung,
sondern auch mit Neuigkeiten,
die sie mithilft zu verbreiten.

*

Liebesheirat im Alter:

Wenn zwei Menschen spät sich finden
und dann noch aneinander binden,
sich mit dem Standesamt belasten,
bloß um legal sich zu betasten,
und dann – anstatt das Geld zu sparen –
noch in ein teures Wirtshaus fahren,
wo sie, eingekreist von Freibierschwaden,
enorme Kosten auf sich laden,
dann kann der Grund dafür allein
nur Wahnsinn oder Liebe sein.

*

Braut entführt – Bräutigam zurückgelassen:

Mit einem Rest vom Publikum
sitzt er ohne Braut herum.
Entführer kriegten seine Braut zu fassen,
ihn selber hat man dagelassen,
kein Wunder – ich sag's frei heraus –
sie sieht um Längen besser aus.

*

Brautentführung und Schuldfrage:

Die Braut ist zwar, nach eigenem Bekunden,
nicht auf eig'nen Wunsch verschwunden,
begab sich aber ohne Widerstand
problemlos in Entführerhand,
weil Vater, der die Braut bewachte,
gerade eine Pause machte
und die Entführung nicht bemerkte,
da er sich mit Kirschgeist stärkte
und dann – getroffen wie vom Schlag –
bewusstlos auf der Eckbank lag.

*

Bräutigam ist Sänger:

Es wird gesagt, er singt recht gern
und es klingt auch gut – von fern.

*

Bauernhochzeit nach Heiratsannonce:

Die Schuld an dieser Ehe hat
das bäuerliche Wochenblatt,
wo all' die Typen inserier'n,
die Lust nach einer Frau verspür'n.

Die Braut biss via Zeitung an
und dann biss auch der Ehemann.
Jetzt haben sie sich festgebissen
und damit es alle wissen,
kam es nach dem Vorgeleier
endlich zu **der** Hochzeitsfeier.

*

Oberpfälzer heiratet Fränkin:

Weil in der Oberpfalz das Inventar
an Bräuten überschaubar war,
und er nichts Gescheites fand,
begab er sich ins Frankenland.
Da sind die Frauen selbstbewusster,
pflegeleichter und robuster
und der Wirkungsgrad soll obendrein
beim Frankenweibchen höher sein,
weil die Frau'n aus Franken
in der Leistung nicht so schwanken,
besser in der Kurve liegen
und obendrein mehr Mitgift kriegen.

*

Dreifachhochzeit dreier Geschwister:

Die Mutter bringt – die Freud' ist groß –
heute gleich drei Kinder los.
Wer klug ist, der verklopft, wenn's geht,
seine Kinder im Paket,
denn, abverkauft als Sonderposten,
spart man sich bei Kindern Kosten.

Zu dritt die Kinder ganz geschickt
jemandem aufs Aug' gedrückt
und als Dreifachhochzeit hingebogen,
so hat's die Mutter aufgezogen,
vom Standesamt bis Unterrock,
alles kauften sie en bloc.

*

Hochzeitsfeier mit Psychiaterin:

Er liefert per Dekret frei Haus
sich heute einer Ärztin aus,
indem er bis zum Traualtar
bereit der Frau zu folgen war,
die derzeit Psychiatrie betreibt
und bei der er deshalb bleibt.

*

Metzger unter den Hochzeitsgästen:

Dem Geruch nach und Gelächter,
kamen viele Schweineschlächter.

*

Braut hat auf Bauernhof eingeheiratet:

Auf dem Hofe mochte sie
rundherum das Federvieh,
nur der Gockel, der verhasste,
war es, der ihr gar nicht passte,
weshalb das Vieh auch frisch vom Mist
im Suppentopf gelandet ist.
Lebend fand sie ihn dramatisch,
als Suppe war er ihr sympathisch.

Es gibt Brautpaare, die vor der Ehe schon zusammenleben. Wurde mir das leichtsinnigerweise offenbart, so griff ich diese – aus streng katholischer Sicht – sittenwidrige Lebensweise natürlich auf:

Wolf-Dieter heißt der Bräutigam,
der heute in Gewahrsam kam,
wobei die Braut, was man so hört,
ihm schon länger Unterschlupf gewährt.

*

Für Autohändler:

Nach fünf Jahren Probefahrt
ging es an den Ehestart
und die Braut nahm selbstbewusst
ihn heut' sich offiziell zur Brust.

*

Das Paar liegt nun im Ehehafen
und kann sich legal beschlafen,
denn bisher war in voller Länge
im Bett der beiden Handgemenge,
ob quer, ob längs, ob vertikal,
unerlaubt und illegal.
Jetzt darf man mit der Kirche Segen
endlich diesen Umgang pflegen
und täglich sich im Takt bewegen,
doch keine Angst – das wird sich legen.

*

Religiös gesehen:

Es kam zu sehr kompakten
praehelichen Hautkontakten
und das nicht nur ein Mal,
das ist katholisch illegal.

*

Probezeit bestanden:

Sie zog den erprobten Wicht
jetzt vor Gottes Angesicht,
so dass der Gang zum Traualtar
nicht mehr zu vermeiden war.
Zwei Jahre hat sie ungeniert
ihn als Mannsbild ausprobiert
und dann den Entschluss gefasst:
Der hat etwas, was mir gut passt!

*

Ausgetestet:

Er hat die Frau längst abbekommen,
doch offiziell erst heut' genommen,
weil er – seit das Söhnchen existiert –
weiß, dass die Frau auch funktioniert.

*

Vorspiel mit Kinderwagen:

Nach Ablauf einer Probephase,
des Wagenschiebens auf der Straße
und des Lebens unterm Dach mit Kind,
befand – wie Männer halt so sind –
er sie für reif fürs Standesamt,
nicht dass bei ihr die Lust erlahmt,
ihn für den Richtigen zu halten
und so zog sie mit dem alten
Knaben heute zur Behörde,
auf dass die Sache amtlich werde,
und sie musste unterschreiben,
mit Haut und Haar bei ihm zu bleiben.

*

Herzenswunsch:

Dem Brautpaar wünschen wir von Herzen,
es möge diesen Text verschmerzen
und nicht dazu neigen,
den Verfasser anzuzeigen.

*

Das muss begossen werden:

Sie beschlossen nach zehn Jahren,
sich offiziell zu paaren,
ihr illegales Operieren
zu legalisieren,
in den Ehehafen einzulaufen
und sich noch einmal zu besaufen,
bevor sie in den eig'nen Wänden
als Paar in ihrer Bettstatt enden.

*

Nach fünfzehn Jahren Anlauf fand
ein Brautpaar in den Ehestand.
Heute endlich ist's so weit,
ja so schnell vergeht die Zeit!
Keiner glaubte mehr daran,
dass das noch passieren kann.
Seltsam sind die Wege des Herrn,
doch haben zwei sich richtig gern,
geschehen auch Wunder und Zeichen,
sofern Geduld und Nerven reichen,
lässt man sich in der Ehe nieder,
Wunder gibt es immer wieder!

*

Medizinische Exkursionen

Als wir einigermaßen geübt darin waren, bei Privatfeiern den Vogel bzw. die Hauptpersonen abzuschießen, glaubten wir uns gestählt genug, um bei Unterhaltungsabenden diverser Tagungen und Kongresse provokativ eingreifen zu können. Von all den Handwerkszünften, von denen wir über Jahre regelmäßig angeheuert wurden und werden, sind mir vor allem die Chirurgen in Erinnerung geblieben. Selbst auf die Gefahr hin, bei den Herren eines Tages waagrecht vorgefahren zu werden, nahmen wir bei Kongressen die Mediziner aller Sparten gehörig in die Mangel. Das drückte sich bereits in meinen Begrüßungslitaneien aus, bei denen ich vorsätzlich jeden Respekt vor den Ehrfurcht gewohnten „Halbgöttern in Weiß" vermied. Natürlich leitete ich meine Titulierungen mit höflichen Floskeln wie „sehr geehrte", „verehrte", hochgeschätzte" usw. ein. Für Bruchteile von Sekunden fühlten sich die Angesprochenen geschmeichelt. Das gab sich aber rasch wieder, wenn ich mit Einleitungen wie diesen, die ich hier in Auszügen wiedergebe, loslegte:

> Chirurgie, das ist die Kunst,
> selbst das, was man verhunzt,
> bei Betroff'nen und in Ärztekreisen
> als erfolgreich anzupreisen.

Bei den bayerischen Chirurgen in Regensburg:

Wenn Chirurgen in die Stadt einbrechen
und das Stadtbild optisch schwächen,
fügt Regensburg sich stets bescheiden,
die Stadt ist es gewohnt zu leiden.

Mein Gott, was war schon alles da:
Hussiten, Pest und Cholera,
Bischof Müller und die Schweden,
da rentiert sich's nicht zu reden,
von dem, was die Chirurgenschichten
diesmal in der Stadt anrichten
und die Schrecken werden rasch verblassen,
wenn Sie die Oberpfalz verlassen.

Den Blick direkt ins Konterfei
der Fachschaft der Aufschneiderei,
die unverhüllt sich heute zeigt,
so dass man zum Erschrecken neigt,
denn mancher sieht – ich sag es frei heraus –
mit Mundschutz einfach besser aus.
Trotzdem seh'n sie uns nicht zittern,
die Kapell'n kann nichts erschüttern!

Geschätzte schneidige Doktoren,
Menschenöffner, Professoren,
werte Stuhlprediger und Stuhlinhaber
für chirurgisches Gelaber,
Herr Vorsitzender und
  bayrischer Chirurgenführer,

geschätzte Nervtöter und Transplantierer,
verehrte weibliche und halbwegs talentierte
in die Chirurgie Verirrte,
liebe Thorax-, Schädel-, Knochenspalter,
Blut- und Innerei'n-Verwalter,
werte Rippenspreizer-, Bauchraumwühler,
liebe Nieren-, Milz- und Lebern-Dealer,
Organverklopfer und -verpflanzer,
werte Nagler, Schrauber, Plattenstanzer,
geschätzte Handwerker an den Geräten
zur Wiederherstellung der Gräten,
liebe Bohrer, Näher und Gefäßabdichter,
Wirbelsäul'n- und Halsausrichter,
Nierenstein- und Pulsschlagzähler,
Chefärzte und Schwesternquäler,
liebe aus dem Ausland eingesickerte Agenten
und Vertreter außerdeutscher Fisimatenten,
hochverehrte in Torsos und an Flossen
herumdoktor'nde Zeitgenossen,
geschätzte Endoskop-Schlauchlenker,
Verfechter, Vorkämpfer und Denker
der punktuellen Aufschneiderei,
vulgo Blindflug-Stocherei,
werte Inspizienten des des Darms Entfleuchten,
liebe OP-Tischler und Laserleuchten,
geschätzte Lehrstuhl-Theorie-Erfinder,
Wanderprediger und Heilsverkünder,
Tüftler, Bastler, Knorpelfeiler,
Beckensprenger, Wunderheiler ...

Chirurgen sind Handwerker, die gewöhnlich nicht mit Samthandschuhen hantieren. Zupacken ist in dem Metier daheim. Da lagen wir auf einer Linie. Wir sprachen eine deutliche Sprache und haben unsererseits auch hingelangt. Das ließ die Grünkittel aufhorchen. Auffälligkeiten der bayerischen Volksstämme, die in der Normalbevölkerung auftreten, machen auch vorm Menschenschlag des Chirurgen nicht halt. So hatte ich die sprichwörtlich schwäbische Sparsamkeit auch auf chirurgischer Ebene zu verarbeiten:

Wenn Schwaben zu Skalpellen greifen,
vermeiden sie es, die zu schleifen,
und Tupfer und Verband
sind stets aus zweiter Hand,
drum ist Regensburg sehr froh, die Schwaben
weitestgehend loszuhaben,
die meisten sind in München stationiert,
da wird gern schwäbisch operiert!

Die Chirurgie ist ein fast ausnahmslos von Männern verseuchtes Milieu. Bei Tagungen mit Gesellschaftsabend sind Frauen aber ausdrücklich erwünscht und die Chirurgen führen da Damen jedweder Herkunft mit. Genaueres entzieht sich meiner Kenntnis, es sind aber auch Ehefrauen darunter. Noch rarer sind Chirurginnen. Die größten und meisten Aufschneider sind Männer, doch es gibt neuerdings ganz vereinzelt Frauen, die den Herrn Chirurgen den Schneid abkaufen wollen. Der Chirurg, der die Tagung im nächsten Jahr ausrichtet, muss am Gesellschaftsabend die sogenannte „Damenrede“ halten.

Der Frau wird darin ihre Rolle als Schaufenster-Deko in der Auslage ihres Skalpell-Toreros bestätigt. Auf die traditionell in Kaffeekränzchen-Manier gehaltene Rede machte ich mir ebenfalls meinen Reim:

Weil die wunderschönen Damen,
die mit zu dieser Tagung kamen,
die Schäden etwas reparier'n,
die vom Männervolk herrühr'n,
das sich nicht umsonst gezielt
das Konterfei im Dienst verhüllt,
wurde ein Professor gebeten,
heut' als Redner aufzutreten,
vor Publikum das Kreuz zu tragen,
die Damenrede aufzusagen.

Da er die nächste Tagung ausrichtet,
hat man ihn dazu verpflichtet,
und er hat den Frau'n versiert
den Honig so ums Maul geschmiert,
dass die, die seine Geistesgaben
bis zum Schluss ertragen haben,
nahe dran waren, die Phrasen
und die Schmalz-geblähten Blasen,
die Chirurgenhirnen da entströmen
als halbwegs glaubhaft hinzunehmen.

Im Tenor war die Botschaft drin:
Liebe Frauen nehmt das hin,
dass nur Männer zu Chirurgen taugen,
begnügt euch damit, staubzusaugen!

Doch siehe da – welch' Wunder –
der männliche Chirurgenplunder,
wird langsam etwas aufpoliert,
weil auch die Frau Chirurgin wird.

Eine Handvoll hat sich hergetraut,
weshalb es heute gut ausschaut:
Der hoffnungslosen Chirurgie
steh'n ein paar Frauen vis-à-vis.

Die Frau kommt in dem Handwerk an,
Hoffnung für die Geisterbahn,
auf die Chirurgie fällt Licht,
endlich Sexappeal in Sicht!

Für meine medizinisch-humoristischen Recherchen wurde ich gelegentlich zu Vorgesprächen in Universitätskliniken einbestellt. Ich musste mir also die Zeit nehmen, ein paar hundert Kilometer zu fahren, um auf höchstes Geheiß in einer humoristisch-ambulanten Sprechstunde vorstellig zu werden. Ich! Als Mitglied der Krankenkasse! Weder Selbstzahler noch privat! Da wurde ich dann zwischen zwei OPs eingeschoben, um von Angesicht zu Angesicht mit den größten Kapazitäten der Klinik, wenn nicht gar der deutschen Medizinlandschaft, Anomalitäten und Befindlichkeiten der kollegialen Professorenschaft im jeweiligen Verbund auszukundschaften. Mir ging es um die Achillesfersen. Die musste ich aus dem medizinischen Kauderwelsch herausklamüsern. Die Herrn Doktoren, Direktoren, Professoren und Operateure, die ich – gottlob nicht auf dem Tisch liegend – kennenlernen durfte, waren allesamt mit einem kernigen Humor ausgestattet. Sogar die Psychiater. Vor allem die, die wirklich etwas drauf haben. Wie sonst sollen sie dem Wahnsinn ihres Alltags und dem der Krankenkassen standhalten? Aus der Art und Weise, wie mir die Herren und gelegentlich die Damen die Atmosphäre ihrer Zunft schilderten, hatte ich nun zu erkennen oder vielmehr zu erfühlen, wie und in welcher Dosis ich der erlauchten Versammlung und den einzelnen Opfern zu Leibe rücken könnte. Das ist die Herausforderung in meinem Beruf, der eigentlich gar keiner ist.

Ärzte und Professoren der Medizin sind schon etwas Besonderes. Auch diejenigen, die sich nur dafür halten. Zusammenkünfte elitärer Kreise bedürfen extravaganter Örtlichkeiten. Der Professor vor Ort, der einen Ärztekongress oder Vergleichbares zu verantworten bzw. an der Backe hat, wählt sagenumwobene Treffpunkte aus, um zu zeigen, was er alles zustande bringt. Bevorzugt Schlösser, Burgen, Museen, historische Klostersäle, Bibliotheken oder Ähnliches an der Wirkungsstätte des gastgebenden Mediziners. Je älter und ungewöhnlicher desto besser. Einziges Ausschlusskriterium: Einsturzgefahr. Sonst gehen die überall hinein.

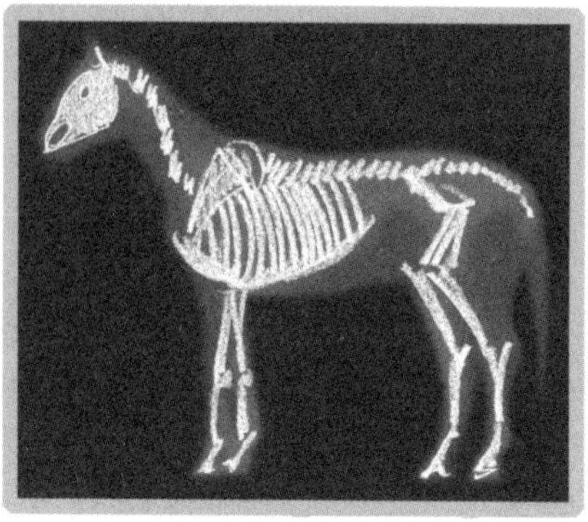

Bei der Bayerischen Röntgengesellschaft in Regensburg

Als die Bayerische Röntgengesellschaft in Regensburg gastierte, begehrte sie Einlass auf Schloss Sankt Emmeram. Chefin Durchlaucht Fürstin Gloria von Thurn und Taxis ließ die strahlende Gesellschaft ein. Allerdings nur in den Marstall, also in die aufgelassene Pferde- und Kutschengarage des Regensburger Schlosses. Warum Ihro Durchlaucht nur die Remise und nicht erlesenere Räume ihres Fürstensitzes zur Verfügung gestellt hat, weiß ich nicht. Vielleicht fürchtete sie Strahlenschäden oder das Budget der Radiologen hat nur fürs Rösser-Refektorium gereicht. Die Halle war jedenfalls schön herausgeputzt und mit einem roten Teppichboden ausgelegt, der nichts mehr von den vielen Pferdeäpfeln, die unter ihm einst zu liegen gekommen sein dürften, spüren ließ. Die Akustik hatte noch etwas von einem ausgeräumten Stall. Um so durchdringender unser Einmarsch, der, sobald wir auf der Bühne waren, in einen Begrüßungsgesang mündete: „Volles Rohr in den Saal, sind die Gäste auch banal ...“. Die Röntgenversammlung bekam runde Augen, fast so groß und rund wie die Tische, an denen sie getafelt hatte. Sie stellte die Tischgespräche ein und nahm schicksalsergeben hin, was sie von mir und den *Altneihausern* zu hören bekam:

> Es gibt Leute, die mit Strahlen,
> die die Verstrahlten auch noch zahlen,
> mit einem Strahlen in den Mienen
> strahlend ihr Salär verdienen.
>
> Die Gesellschaft zur Erzielung von Gage
> für bildgebende Spionage,
> für Abdomen, Thorax, Skelett und Innerei,
> Gefäß-Intervention und Blindflug-Stocherei,
> sprich der Röntgenstammtisch Bayern e. V.
> tagt in Regensburgs teuerstem Bau
> samt medizinisch-technischem
>   Handlanger-Tross
> und ohne Skrupel im fürstlichen Schloss.
> Durchlaucht Fürstin ließ verfügen,
> der Marstall muss genügen.
> Sie verriegelte in aller Eile
> ihres Schlosses schönste Teile,
> in denen sie selbst Zuflucht nahm,
> als sie hörte, wer da kam,
> so dass die bayerischen Röntgenspitzen
> in der Garage für die Rösser sitzen.

Der bayrische Kongress für Koryphäen
im berufsmäßigen Ausspähen
von innermenschlichen Gewölben
mit Innenaufnahmen derselben
samt seinen Radiologen-Assistenten,
die auch ohne Ärzte röntgen könnten,
kam in die Oberpfalz gezogen,
das „who is who“ der Radiologen
und das Durchleuchter-Inventar,
das an den Kliniken entbehrlich war,
hat die Arbeit hinter sich gelassen,
belagert Regensburg in Massen,
um strahlend und in höchsten Tönen
den Referenten und dem Wein zu frönen,
sprich die Zeit in vornehmen Gebäuden
bei Trunk und Essen zu vergeuden
und zur Tarnung nennt man den Prozess
Röntgenchef- und -handlangerkongress.

Heuer lässt die Röntgen-Wallfahrt Bayern
in der Oberpfalz sich feiern,
schlug geballt in deren Hauptstadt auf
und Regensburg nimmt das in Kauf.

Die Oberpfalz am Rand zu Böhmen
ist bekanntlich hart im Nehmen,
sie blieb historisch nie verschont,
ist auch banales Volk gewohnt
und bis heute alle Horden
von Vögeln wieder losgeworden.

Die Kunst, Innenaufnahmen des Menschen für medizinische Zwecke anzufertigen und dann selber so zu interpretieren, als ob man damit etwas anfangen könnte, nennt man bildgebende Verfahren. Es gibt verschiedene Methoden, über mehr oder weniger undefinierbare Abbildungen in den Patienten hineinzuschauen. Die meisten Bilder kommen von Radiologen. Wenn der behandelnde Arzt sie dann in Händen hält und sich nichts darunter vorstellen kann, kommt es zu Rückfragen. Niedergelassene Radiologen sind angeblich hierfür so gut wie nie zu erreichen. Nach in der übrigen Ärzteschaft kursierenden Gerüchten ist das Arbeitszeitmodell des Radiologen ein Modell, das wegen der geringen Zeitspanne, in der sie stattfindet, das Wort „Arbeit“ eigentlich zu Unrecht beinhaltet. Ob diese Gerüchte wahr oder unwahr sind, war für die Fortsetzung der Röntgen-Ansprache unerheblich:

Niemand kriegt auf dieser Welt
für schlechte Bilder so viel Geld
wie die Zunft der Radiologen –
man verdient mehr als mit Drogen.

Fest angestellte Radiologen fristen
ihr Dasein auf Besoldungslisten
der Kliniken, die sie in Kellern halten,
wo sie sich meistens schlecht entfalten,
weil normale Ärzte sie verachten
und als nicht notwendig betrachten.

Wohl dem Radiologen, der erkennt,
wenn er sich von der Arbeit trennt
und die röntgen lässt, die's können,
kann er beruhigt zum Golfplatz rennen,
weil sich die Fehlerquote deutlich senkt,
wenn er die Praxis selbst nicht lenkt.

Über die Personen, die nun namentlich ins Schussfeld gerieten, möchte ich mich bedeckt halten. Nur den Reim über einen Professor kann ich mir nicht verkneifen. Er war berüchtigt für seine Reden in epischer Breite. Dem Vernehmen nach sprach er gerne, ewig lang und fand kein Ende. Glücklicherweise mussten wir das nicht miterleben, aber mir wurde gesagt, dass er bei einer zurückliegenden Veranstaltung in Berlin mit einer Rede gewaltigen Ausmaßes für bleibende Erinnerung, wenn nicht gar für bleibende Schäden, gesorgt hätte. Die Anwesenden waren in Mehrheit Ohrenzeugen dieses Ereignisses. Der Hauptstadtflughafen BER (Berlin), der sowohl bei der besagten Monsterrede als auch beim Jahre späteren Verfassen dieses Buches schon längst hätte fertig sein müssen, kam mir in dem Zusammenhang gerade recht:

Als lebende Legende
hält er Reden ohne Ende
und hat nach eigenem Bekunden
die freie Rede selbst erfunden.
In Berlin sprach er in Überlänge
Worte von so großer Menge,

dass, dem Ende ihrer Kräfte nah,
die Hörerschaft schon kommen sah,
dass er so lang referiert,
bis der Flughafen eröffnet wird.

Gäste aus Lübeck meinten, weil sie in Bayern sind, müssten sie in oberbayerischer Fronleichnamstracht auflaufen. Man hatte mich vorab informiert, dass damit zu rechnen ist:

Die Tarnung mit dem Trachtenjanker
macht die aus Lübeck auch nicht schlanker,
doch Janker und ein Trachtenhut
tarnt norddeutsche Ärzte gut
und sie wirken bayrisch mit den Sachen,
so lang sie nicht das Maul aufmachen.

Im darauffolgenden Jahr sollte die Tagung in Aschaffenburg stattfinden. Der dafür auserkorene Tagungspräsident war unter den Gästen:

Der nächste Tagungspräsident,
der begeistert darauf brennt,
die nächste Tagung auszurichten,
wird nächstes Jahr darauf verzichten,
die *Altneihauser* zu verpflichten,
um Aschaffenburg nicht zu vernichten.

In die letzten vier Zeilen verpackte ich unsere guten Wünsche und, gewohnt diplomatisch, die Hoffnung, dass die Liquidität unserer Auftraggeber wenigstens bis zur Befriedigung unserer Forderungen gewährleistet sei:

> Gott gebe der Bayerischen Röntgenregierung
> Weisheit, Einsicht, Orientierung
> und stabile Finanzen, die reichen,
> die Gage der Kapelle zu begleichen.

Bei der Bundesdirektorenkonferenz der Psychiatrie und Psychotherapie:

> Psychiater und Psychotherapeuten,
> die meinen, dass sie was bedeuten
> und sich als psychisch wichtige Gestalten
> für ihre Anstalt unverzichtbar halten,
> nennt man hinter Anstaltstoren
> für gewöhnlich Direktoren.

Unter anderem mit diesem Zitat wagten wir es, einer psychiatrisch-psychotherapeutischen Armada von Krankenhausdirektoren aus ganz Deutschland, die sich anlässlich einer Konferenz in der Oberpfalz eingefunden hatte, unter die Augen zu treten. Ort des Geschehens war eine Klinik für Psychiatrie, Psychotherapie und Psychosomatik, die wir gut kannten und bei der wir ziemlich sicher waren, wieder herauszukommen. Selbst auf die Gefahr hin, dass die Geistesmediziner die *Altneihauser*-Darbietung als Krankheitsbild einstufen könnten.

Die Einrichtung, in der wir gastierten, hatte in den Jahren ihres Bestehens vor uns schon anderes durchgestanden. Sie war Kindererholungsheim, SA-Kaserne, Reichsfinanzschule, Wehrmachtsreservelazarett, Military Hospital, Versehrtenkrankenhaus, Tuberkuloseheilstätte und schließlich wieder ein Ort der Psychiatrie, für welche sie vor über hundert Jahren auch gegründet wurde. Wenn man als freiberuflicher Unterhaltungskünstler von einer Anstalt solchen Formates einbestellt wird, um vor Vertretern der Psychiatrie zu sagen, was man denkt, dann weiß man aus dem Bauch heraus: Da gehörst du hin! Auf dem weitläufigen Klinikgelände gibt es ein Gebäude, das einen stattlichen Saal beherbergt. Aufgrund seiner Entstehung, wohl Mitte der dreißiger Jahre, hat er etwas Reichsparteitagsflair. Ansonsten kann man ihn gefahrlos betreten und nutzen.

Ein nagelneues Klinikgebäude nebenan war kurz vorher fertig geworden. Der Chef und Ärztliche Direktor der Anlage war sehr stolz auf seine Errungenschaft. Er war aber nicht bereit, den frisch gestrichenen Trakt seiner Gäste wegen zum Abendessen eindecken und womöglich noch mit Soßenspritzern und Essensresten verunstalten zu lassen. So viel wert waren ihm die Damen und Herren Kollegen dann auch wieder nicht. Mag sein, dass unser geplantes Auftreten ebenfalls mit dazu beigetragen hat, dass er nur seinen Reichsversammlungsbunker eintischen ließ. Hauptsächlich aber wegen der Soßenspritzer. Dennoch war unsere Anspielung auf den historischen Festsaal, in welchem die Konferenz das Nachtmahl einnahm, übertrieben:

Man bewirtet nach bayrischer Sitte
das Volk in der ältesten Hütte,
die wir mit Pauken und Trompeten
immer nur mit Helm betreten,
und uns von diesen auch nicht trennen,
weil wir des Hauses Zustand kennen.

Der Saal ist – unter uns gesagt –
wie erwähnt schon recht betagt,
doch er schien in den Augen
des Klinikchefs zu taugen,
um die heute Aufgetauchten
in dem ohnehin verbrauchten
Bau zum Essen zu verstau'n
und nicht den Neubau einzusau'n,
der ihm wegen der Gefahr
der Verschmutzung viel zu schade war.

Die Versammlung wähnte sich nach der Nachspeise in Sicherheit bis wir – in geheimer Absprache mit dem Ärztlichen Direktor vor Ort – der mit ihrer Verdauung und einem beschaulichen Ausklang des Abends beschäftigten Gesellschaft einen ungewohnten Angriff auf ihre Psyche bescherten. Mit stoischer Respektlosigkeit wurde das Selbstbild eines ganzen Berufsstandes in die gereimte Vorstellungswelt des Kommandanten verrückt:

Die Psychiatrie im höchsten Grad
der Kliniken im deutschen Staat
und die psychotherapeutischen Spitzen,
die in Anstalten des Landes sitzen,

fanden sich heut' im Verein
in dieser alten Anstalt ein.

Um in Selbstbeweihräucherung
  sich zu ergänzen
gibt's Bundesdirektoren-Konferenzen,
deren Mitglieder zu Hause sagen,
sie müssten fort, um wo zu tagen
und die Arbeit steh'n und liegen lassen,
um sich mit Wichtigerem zu befassen,
wobei sie in Regel gern verreisen,
um am Zielort gut zu speisen.

Die Anstaltsleitung ließ zu Ehren
der Konferenz den Staub wegkehren
und in diversen Anstaltsecken
den Unrat temporär verstecken.

Hochgeschätztes, angereistes
Herrschervolk des kranken Geistes,
liebe im Geist beschlagene Bourgeoisie
und Generalität der Psychiatrie ...

Die Psychiatrie ist männlich dominiert,
was vermutlich daher rührt,
dass Ausgeburt und größter Mist
des Wahnsinns immer männlich ist:
Mord, Totschlag und diverse Sachen,
was Männer halt so tun und machen.
Die Frau macht so was viel geplanter,
ästhetisch und viel eleganter.

Die Struktur überregionaler Mediziner-Verbünde zu durchschauen, setzt voraus, bei den Recherchen auf einen Insider zu stoßen, der sich selber damit auskennt. Wenn es den überhaupt gibt, muss man ihn so befragen, dass er auch über Dinge spricht, über die nicht gesprochen wird. Gibt es ihn nicht, dann ist die eigene Fantasie umso mehr gefragt. In künstlerischer Freiheit konstruierte Zusammenhänge, die auf Details beruhen, von denen man dank Gesprächen, Internetseiten, Organigrammen, Gerüchten, von Ärzten untereinander und gegenseitig angedichteten Charakteristika etc. Kenntnis erlangt hat, werden dann, wenn auch nur mit geringem Wahrheitsgehalt, „Humoris causa" instrumentalisiert:

Der Herr Direktor ließ aus freien Stücken
die Tagung sich aufs Auge drücken
und hofft, dass für den Lebensrest
die Konferenz ihn jetzt in Ruhe lässt
und er den ärztlichen Zusammenschluss
nicht noch einmal ertragen muss.

Er nimmt den Psychiatrie-Auflauf
mit festem Blick nach vorn in Kauf
und erträgt die Heimsuchung der artverwandten
Nervenklinik-Kommandanten,
denn er muss sie an den Tagungstagen
nur temporär im Haus ertragen.

So sie denn anstehen, sind bei Kongressen die turnusgemäßen Neuwahlen der Vorstandschaft ein dankbares Thema. Die Ehrenämter bringen zwar außer Ansehen nichts ein, doch viele hochrangige Mediziner lassen sich gerne ansehen, da die Einkünfte für sie kein Thema mehr sind, um das sie sich groß kümmern müssen. Früher nur als Krankenschwestern geduldet, schlagen immer mehr Ärztinnen Schneisen in den männlichen Mediziner-Urwald. Sogar Vorstandsposten sind gefährdet:

Der alte Vorstand trat, zum Glück,
dem Vernehmen nach zurück
und tagt ab nun mit neuen Köpfen,
man darf wieder Hoffnung schöpfen.

Weil die Mannsbilder verschlissen waren,
erklomm endlich nach vielen Jahren
statt einer männlich-rostigen Haubitze
ein taffes Weib die Vorstandsspitze.

Die Herrn Vorstandsdirektoren
sind ausnahmslos als Mann geboren.
Um die Schatten, die sie werfen,
sprich: die Geisterbahn nun zu entschärfen,
hat man eine Dame, die die Götter schufen,
in den Olymp der Psychiatrie berufen,
die mit Charme das repariert,
was die Psychiatrie sonst ruiniert,
wenn sie – nur mit Männern ausgerüstet –
optisch diese Welt verwüstet.

Über die Jahre unseres Wirkens in der Medizin hatte ich mich mit allerhand Ärzten und den Körperteilen auseinanderzusetzen, an welchen die Damen und Herren Doktoren wiederum Hand anlegten oder wenigstens im Geiste tätig waren. Es war nur eine Frage der Zeit, bis wir von Kopf über Brust und Bauch in der hinteren Region des menschlichen Organismus und bei den dort agierenden Fachschaften ankommen mussten. Zwangsläufig kam ich mit den Machenschaften von Leuten in Berührung, die teils von Angesicht zu Angesicht, mehr aber über entgegengesetzte Wege versuchen, sich Zugang zu ihren Patienten zu verschaffen.

Bei der Deutschen Gesellschaft für Endoskopie in München:

Die gewohnt lange Anrede war wie immer ein Versuch, alle Anwesenden im Spezialisten-Dschungel mit lockerer Zunge so zu bezeichnen, dass jeder wusste, wer gemeint war. Sie sollte gleichzeitig aber auch vermitteln, dass die vorm Auditorium stehende Kapelle sich für Titel und Hierarchien nur insofern interessiert, als sich dieselben in punkto Hochachtung humoristisch demontieren lassen:

> Die deutsche Gesellschaft für Penetrationen
> diversester Löcher in Personen,
> die den endoskopischen Befehl vernahm
> und in den Dickdarm München kam,
> hat sich für ein paar sinnlose Stunden
> in Bayerns Hauptstadt eingefunden,

um die Zeit in vornehmen Gebäuden
bei Trunk und Essen zu vergeuden ...

Hochverehrtes Innereien-Konglomerat,
geschätzter Endoskop-Schlauch-Apparat,
werte Organspione und Verkünder der Lehren
der Erforschung menschlicher Röhren,
Sonographen-Gleitcreme-Schmierer,
hochverehrte Schlauch-Einführer,
respektive Internisten,
die Sie Ihr Dasein hinterm Enddarm fristen ...

Es hieß, wir sollten auch die Endoskop-Abgeordneten aus dem Ausland nicht unerwähnt lassen und mit ein paar Willkommensworten bedenken. Sie waren hauptsächlich gekommen, weil sie – im Gegensatz zu uns – unbedingt nach München wollten. Sie wollten mehr das Flair Bayerns, die Luft Münchens und die des aufgetischten Spanferkels atmen als die des Endoskops. Sie meinten auch, sie verstünden die deutsche Sprache – bis sie mich hörten und rätselten, wie das denn zu verstehen sei:

Wir begrüßen alle Endoskop verwandten
Auslandsinnereienasylanten
aus Japan, Holland, USA, der Schweiz.
Spanferkel hat seinen Reiz
und die bayerischen Hauptstadtgase
der fetten Münchner Weißwurstblase,
die die Endoskopler hier gern spüren
und statt gewohnter Darmluft inhalieren.

Über Personen, die ich die Ehre hatte, namentlich zu persiflieren, werde ich mich auch hier bedeckt halten. Ich möchte aber jetzt eine Passage wiedergeben, in der es um einen in der Szene gerühmten Professor ging. Dieser war nach den mir zugespielten Informationen ein grandioser Theoretiker der Endoskopie, der die praktische Umsetzung von dem, was er sich so ersann, seinen Studenten überließ. Sein Markenzeichen war ein militärischer Umgangston. Der Präsident der Gesellschaft, einst betroffener Student, infizierte mich mit der Idee, die allgemein bekannten Wesenszüge seines ehemaligen Lehrherrn humoristisch aufzubereiten. Der Herr Professor Drillerich (er hieß in Wirklichkeit natürlich nicht so) stehe immer gern im Rampenlicht und er sei hart im Nehmen:

> Man ging in der Kasernenatmosphäre
> unter Drillerich zur Lehre
> und Drillerich oblag's, die schlichten
> Darmstudenten abzurichten.
>
> Er lehrte, wenn auch grob,
> die Prozedur am Endoskop
> und der Schüler eignete sich an,
> was der Chef, weil er's nicht kann,
> theoretisch so lang injizierte,
> bis der Schüler es kapierte
> und Drillerich dann, umgekehrt,
> erkannte, dass, was er so lehrt,
> in der Tat auch durchführbar
> und dank der Schüler machbar war.

Drillerich lehrt jetzt in Hessen,
ist aber meistens auf Kongressen,
damit sein Stuhl, von dem herab er predigt,
nicht die Universität erledigt,
und das Volk, vor dem er schwadroniert,
nicht vollends den Verstand verliert.

Mit einem letzten Seitenhieb auf die gesamte Endoskopie ließen wir die Gäste im Spanferkeldunst des erhitzten Saales zurück:

Gott gebe Deutschlands Schlaucheinführung
Weisheit, Einsicht, Orientierung,
er möge sie am Schlauch erleuchten! –
Sie schau'n so aus, als ob sie's bräuchten.

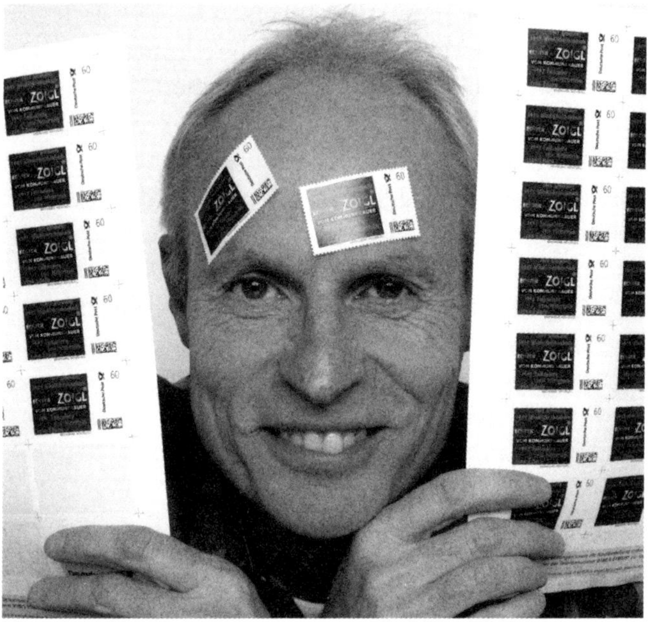

„Gewaschen und frankiert!“

Nebenbeschäftigung Markenbotschafter

Eine „Briefmarke individuell“ der Deutschen Post zeigt die eingetragene Wort-Bild-Marke „Echter Zoigl vom Kommunbrauer“. Es gab genau 52.220 Stück davon. Die letzten beiden Exemplare kleben auf der Stirn des Altneihauser-Kommandanten. In seiner Nebenrolle als Botschafter des echten Zoigls tritt Norbert Neugirg hie und da sogar gewaschen auf.

Biertragödie in der Oberpfalz

Im Juli 2001 passierte etwas Schreckliches. In Weiden in der Oberpfalz fand der Bayerische Apothekertag statt. Das war an und für sich noch keine Katastrophe, selbst dann noch nicht, als die *Altneihauser* angekündigt waren, um dort mit einer Einlage zum kurzweiligen Verstreichen des Festabends beizutragen. Es war ein warmer Juliabend, der Saal war voller Menschen, warmer Luft und, ich glaube, warmem Leberkäse. Der Veranstalter war auf die Idee gekommen, den Apothekern im Laufe unseres Auftritts angebliches Zoiglbier vom Fass kredenzen zu lassen.

Dieses Bier, kurz „der Zoigl" genannt, kommt – wenn es ein echter Zoigl ist – aus dem Kommunbrauhaus. Das ist eine von den Bürgern einer Kommune betriebene eigene Braustätte. Das Zoiglbier und seine sechshundertjährige Geschichte sind ein Markenzeichen der Gegend, aus der die *Altneihauser* stammen. Echter Zoigl wird im Haus des Kommunbrauers vergoren und, sobald er ausgereift ist, in der Schankstube auf dem Anwesen des Brauers frisch aus dem Lagertank oder den Lagerfässern ausgeschenkt. Direkt in das Glas des Gastes.

Echten Zoigl gibt es nicht im Handel und nicht in serienmäßig abgefüllten Flaschen, Kästen oder Fässern. Der echte Zoigl ist nämlich unfiltriert und ohne Konservierungsstoffe. Der Begriff „Zoigl" ist leider nicht geschützt. Es gibt nun gewerbliche Brauereien, die ihr

Bier, sobald sie groß ihren Namen draufschreiben, sehr schwer losbringen. Das wird seine Gründe haben. Die braugewerblichen Etikettenkünstler drucken jetzt einfach nur „Zoigl" auf den Ausfluss ihrer Fähigkeiten. Wird sogenannter „Zoigl" als Massenprodukt in Flaschen, Six-Packs und Pseudo-Nostalgie-Kästen feilgehalten, dann kann der trübe Inhalt viele Väter haben, aber mit den Vätern des Zoigls haben die Trittbrettgeburten nichts zu tun: eine immer mehr um sich greifende Unsitte nach chinesischem Vorbild.

Die gewerbliche Einfallslosigkeit mit einem Deckmäntelchen, auf dem Zoigl steht, bezeichnet man am besten mit dem internationalen Wort „Fake", um möglichst viele Erdbewohner davor zu bewahren, auf gefakten Zoigl hereinzufallen. Der echte Zoigl aber ist ein sehr empfindliches Produkt. Sein volles Aroma entfaltet er nur dort, wo er gereift ist. Einzig in der Zoiglstube des Kommunbrauers bekommt man die Emotion, die mit diesem Kultbier verbunden ist, zu spüren. Experimente, gefakten Zoigl zu exportieren, werden sich rächen.

In unserem Fall endete der Versuch, vor Apothekern aus ganz Bayern ein Fass gewerblich gebrautes Brauerei-Bier als Zoigl zu verzapfen, in einer Katastrophe.

Wie der „Bayerische Abend“ ausgehen würde, konnte bei unserem Einzug in das Evangelische Vereinshaus anlässlich des Bayerischen Apothekertages im Jahr 2001 niemand ahnen. Zuerst verlief alles planmäßig. Die *Altneihauser* mit mir vorneweg bliesen und trommelten sich, sichtlich um strammen Schritt bemüht, vom Foyer aus in den mit Girlanden geschmückten Festsaal hinein. Vielleicht hatten wir wieder einen zum Marschieren völlig ungeeigneten Titel gewählt. Entsprechend ungelenk war das Gangwerk der Truppe.

Die Gesellschaft saß an Tischen und hing zum Teil noch kopfüber in den üppigen Brotzeitplatten. Über Wurst, Brotkörbe und Teller mit großen Radieschenbüscheln hinweg, lugten sie uns perplex entgegen. Sie lagen in punkto Abendessen in den letzten Zügen und gaben nun nacheinander auf, um zu beobachten, was dieses musizierende Panoptikum denn vorhätte. Wir zogen auf Saalebene quer vor die Bühne. Unmittelbar vor uns die erste Tischreihe.

Der Bühnenvorhang hinter uns war zu und davor auf der Bühne stand mittig ein Dreißig-Liter-Aluminiumfass. Da fiel mir wieder ein, dass ich im Verlauf unseres Programms die Aufgabe hätte, anzuzapfen und das Bier in bereitgestellten Gläsern auszuschenken. Bisher hatte ich das zwei oder drei Mal bei Bockbieranstichen gemacht. Das ging nie sonderlich gut. Erst ein paar Monate vorher war mir dabei der Stiel des Holzschlegels abgebrochen. Ich versuchte meine Bedenken auszublenden und begann zunächst meinen Vortrag. Zur Einstimmung ein paar Teile daraus:

Der Apotheker tritt im Jahreslauf
gewöhnlich nur vereinzelt auf,
doch ab und zu – so dann und wann –
häuft sich der Apotheker an.

Ist das der Fall, neigt er dazu, in Massen
Apotheke und Behausung zu verlassen,
um dann über Land in Scharen
eine Tagung anzufahren.

Die Rede ist vom Apothekertag
und danach strebt, wenn man so mag,
der Apotheker, ohne Frage,
wie der Lachs zur Eiablage ...

Sie sind ja – wie schon angeklungen
und wurden dazu nicht gezwungen –
in die Oberpfälzer Niederungen
des Landes Bayern vorgedrungen.

Einige der Gäste dachten,
als sie sich auf die Reise machten:
Oberpfalz? Noch nie gehört.
Ob man da per Schiff hinfährt?

Wo dieses Land wohl liegen mag?
Was haust dort für ein Menschenschlag?

Wird dort nur gebrochen
oder gar nicht deutsch gesprochen?

Gottlob – es liegt noch westlich des Urals –
geographisch jedenfalls,
und Schneeketten- und Visapflicht
herrscht trotz Vermutung hier noch nicht ...

Die Menschenspezies „Pillendreher"
kam von allen Seiten näher,
die Oberpfalz und die Stadt Weiden
sind es ja gewohnt zu leiden.

Der Apotheker geht gemäß dem Naturell
zwar mit der Zeit – doch nicht so schnell.
Diese Tatsache wird einem klar,
wenn man in eine Apotheke geht
und man betrachtet sich das Mobiliar,
das dort seit vielen Jahren steht.

Es gibt Schränke, die den Schein erwecken,
als würden drin Rezepte stecken,
die man seit Doktor Eisenbarth
in dem guten Stück verwahrt ...

Bevor die Reime schlechter werden
als die eben schon gehörten
höre ich mit Freuden auf –
da wart' ich selbst schon lange d'rauf.

Was ich Ihnen noch zu wünschen wage,
ist eine Besserung der Haushaltslage,
damit der Apothekertag sich irgendwann
wieder bessere Kapellen leisten kann.

Ich weiß nicht, was ich noch alles gesagt habe und was wir noch alles zum Besten gegeben haben, in der Hoffnung, das Publikum würde das Bierfass vergessen. Es war nichts zu machen; der Kammerpräsident lenkte mit großer Ankündigung den Fokus des ganzen Saales auf das Fass an der Bühnenkante. Am Ende der Ansage forderte er mich – von Vorschuss-Applaus begleitet – auf, zur Tat zu schreiten.

Meine *Altneihauser,* die mir wegen vorangegangener Erlebnisse in ähnlichen Situationen nicht trauten, waren nach dem befohlenen Tusch eineinhalbmal sofort links und rechts auf Sicherheitsabstand gegangen. Aus angemessener Distanz verfolgten nun auch sie gespannt, was mir bevorstand. Wieder einmal sollte ich den Zweikampf mit einem unter Druck stehenden Bierbehälter aufnehmen.

Zwei Mann vom Personal des Hauses kannte ich persönlich. Sie waren aus meiner Heimatstadt. Ausgerechnet die beiden Schlitzohren hatten das Anzapf-Werkzeug hergerichtet. Ein massiver Messinghahn, der durchaus mein Vertrauen erweckte. Daneben lag statt des üblichen wuchtigen Holzhammers ein viel zu kleines Schlosserhämmerchen. Gerade ausreichend, um damit vielleicht ein Nägelchen durch Dachpappe zu befördern.

Ich wusste sofort, dass die zwei mir nur zu gut bekannten Erzgauner dahintersteckten. Den Holzschlegel zu verstecken und mir dann den kleinsten Hammer, der im Haus zu finden war, hinzulegen – das war an Hinterfotzigkeit nicht mehr zu überbieten. Unter den Augen aller Anwesenden hieß es für mich aber unbarmherzig „The Show Must Go On". Ich setzte den Zapfhahn fachmännisch an und ergriff schicksalsergeben und gezwungenermaßen unfachmännisch den Minihammer. Viel zu leicht! Das kann nicht funktionieren! Dann der erste Schlag, Metall auf Metall, abgeglitten. O Gott, mit dem Ding kann man nicht einmal eine Erdnuss aufschlagen. Wurscht, weiter, wird schon schiefgehen!

Und das tat's dann auch, und wie. Bei einem der nachfolgenden Schläge muss ich getroffen haben. Der Stopfen in der Öffnung, wo eigentlich der Hahn stecken sollte, gab den Weg frei. Wildgewordener Schaum quoll spritzend heraus und nahm mir die Sicht. Das speiende Fass rutschte nach hinten, weil ich weiterhin, wenn auch orientierungslos, zuschlug. Mein Tubaspieler Rupert Beer, selbst Fass erprobter Haus- und Kommunbrauer, sprang mir bei. Er baute von hinten Gegendruck auf, indem er das vermaledeite Ding halb umarmte und wieder auf mich zu schob. Mit der Rechten hatte er damit zu tun, seine Basstuba hinter mich zu halten, um sie vor Spritzern zu schützen.

Erneut auf Tuchfühlung mit dem kotzenden Ungeheuer, schoss mir die Fontäne jetzt in den linken Ärmel. Die Messingreibe war kurzeitig nach rechts abgeglitten.

Zurück im Auge des Bier-Tornados, hieb ich mit dem Jammerhammer verzweifelt weiter auf die Stelle ein, wo ich den Bierhahn vermutete. So erfolgreich wie ein Buntspecht am eisernen Laternenpfahl. Das Loch war partout nicht zu stopfen. Jetzt waren bestimmt schon zehn Liter nach allen Seiten im Raum unterwegs. Obwohl Rupert und ich mit allen verfügbaren Gliedmaßen zugange waren, das Fass zur Vernunft zu bringen, das Bier zischte förmlich durch uns hindurch und erreichte die ersten Tischreihen.

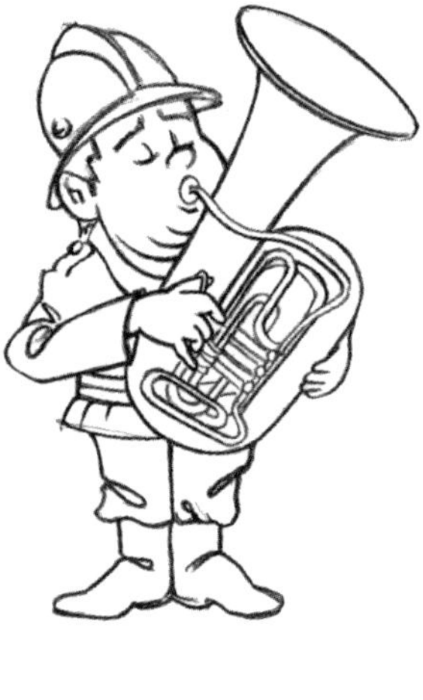

Die Hilferufe meines Fasskampfgefährten, irgendjemand solle doch um Himmelswillen einen Eimer bringen, gingen im tosenden Gelächter und ständig aufbrandenden Szenenapplaus unter. Die Anwesenden waren nämlich allesamt der Meinung, das sich vor ihnen abspielende Malheur sei Teil der Show. Die Begeisterung darüber, wie überzeugend wir die Szene spielten, kannte keine Grenzen.

In trockener Entfernung stand der Apothekerpräsident und kommentierte übers Handmikro wie ein Fußballreporter den, im wahrsten Sinnes des Wortes, „Ablauf" am Fass. Sätze wie „Schauen Sie genau hin. So etwas werden Sie nie mehr erleben!", musste ich zwangsläufig überhören. Der nicht nachlassende Bier-Geysir erforderte meine höchste Konzentration, wenn auch ohne Erfolg. Ruperts Eimer-Rufe blieben unerhört. Das Fass sprudelte gnadenlos den kompletten Dreißig-Liter-Inhalt über die Bühnenkante und zum Teil durch meine Hose auf den Parkettboden des Evangelischen Vereinshauses.

Zufällig führte der Weg einer Bedienung in unsere Nähe. Sie suchte Schutz hinter meinem Rücken und schob mitleidig unter meinem rechten Arm hindurch ihr Kunststofftablett an die triefende Bühnenkante. Der Bierschwall im Spundloch verlor an Energie. Weil ihr Servierteller einen etwas höheren Rand hatte, gelangten die geretteten Milliliter schließlich in eines der verwaisten Biergläser am Bühnenrand. In drei weiteren Glaskrügen schwammen die armseligen Schaumreste der missglückten Aktion, mit der Rupert zu Beginn des Vulkanausbruchs noch versucht hatte, einen normalen Schankbetrieb vorzutäuschen. Der für die restlichen sechsundfünfzig Halbegläser vorgesehene Inhalt befand sich in meiner Uniform. Was Wolljacke, Hose und Unterwäsche an mir nicht zurückzuhalten vermochten, war auf dem Weg ins Publikum. Eine genauso rasch wie zu spät herbeigebrachte Plastikwanne, in die wir das Fass warfen, als es nur noch röchelte, konnte an der riesigen Bierlache nichts mehr gutmachen. Die geringe Fläche Stoff, die ich auf meinem dünnen Leib trug, hatte das meiste Bier dem Boden zugeführt.

Die ersten Reihen standen, zweitens, um uns zuzujubeln und erstens, um dem Biersee auszuweichen. Bühnenerprobt wie wir waren, setzten wir nach dieser grandios in den Graben bzw. ins Parkett gegangenen Bierprobe unseren Auftritt kaltblütig fort. Meine Feuchtigkeit gab meiner Kaltblütigkeit noch Auftrieb. Ich forderte über das Mikrofon die Gäste auf, sich mit Eimer und Putzlappen an der Rettungsaktion des vergossenen Bieres zu beteiligen. Durch gründliches Auswinden der Putzlumpen könnte man die dreißig Liter zurückerobern. Nur wenn das gelänge, könne man den Ausschank fortsetzen. Ansonsten müsse der Bayerische Apothekertag beendet werden. Der Wirt sei nämlich nicht bereit, seine eiserne Reserve, bestehend aus zwei Kasten Bier, herauszurücken.

Ohne uns darum zu scheren, was wir angerichtet hatten, verließen wir nach dem Abspann die Veranstaltung. Wie die begossenen Pudel fuhren wir fünfundzwanzig Kilometer weiter in die Mehrzweckhalle einer nichtsahnenden Gemeinde, wo der Bürgermeister seinen fünfzigsten Geburtstag beging. Der Bierdunst, den wir mitbrachten, fiel dort überhaupt nicht auf. Die Bierlaune der Versammelten war ein guter Nährboden für unsere Darbietung und meine Bekleidung, der die von der Sommerhitze des Tages aufgeheizte Saalatmosphäre gut tat. Ich merkte, wie meine Unterhose langsam auf Raumtemperatur kam.

Die auf den ersten Blick anrüchigen Flecken zwischen meinen Hosenbeinen waren auf dem dunklen Stoff so gut wie unsichtbar. Das Bier begann, sich aus der Hose in die Raumluft zu verflüchtigen. Nach vollbrachter Darbietung, während der ich mir nicht anmerken ließ, wie mir in meiner Wäsche zumute war, lud uns der Bürgermeister ein zu bleiben. Wir kamen der Aufforderung, Platz zu nehmen, gerne nach, ich aber vorerst im Stehen. Ich hatte noch Restfeuchte und klebrige Problemzonen.

Nach dem dritten Standbier war ich trocken und setzte mich zu meinen spöttelnden *Altneihausern*. Hämisch und unter fortwährendem Gepruste ließen sie das Fass-Drama nochmals Revue passieren. Sie versicherten Rupert und mir mehr als glaubhaft, wie absolut saudumm wir als erfolglose Bierfassbändiger ausgesehen haben. Das Beste, was sie je erlebt hätten. Der Knaller! Es kamen Tipps, was ich bei künftigen Ausbruchsversuchen von Bierfässern tun könnte: einen nassen Sack darüber werfen, Bauch ans Spundloch und übers Hosenbein die Gläser füllen. Teichplane auslegen, Ecken anheben und dort, wo es sich sammelt, das Bier mit den Krügen herausschöpfen. Ich war trotz aller Häme begeistert und sogar noch stolz auf die einmalige komödiantische

Sternstunde. Wir hatten bei den Apothekern und im Parkett des Vereinsheims nachhaltige Spuren hinterlassen. So schlägt man Pflöcke ein!

Den bierigen Apotheker-Auftritt im Wechselbad der Gefühle hatte die lokale Presse hautnah mitbekommen. Ein Zeitungsreporter war anwesend. Sensationslüstern, wie diese Leute sind, hatte der nichts Eiligeres zu tun, als unseren Ritt auf den Schaumkronen zu fotografieren. Natürlich musste das Bild groß in den Regionalteil der Tageszeitung. Überschrift: „Zoigl marsch!: Spritziger Einsatz der *Altneihauser Feierwehr*. Nach 113 Zapf-Schlägen versinkt das Vereinshaus im Bier.“

Angeblich habe ich die Zahl 113 selbst genannt. Kann auch sein, dass es nur 112 waren. In so einer Anzapf-Situation kann man sich schon einmal verzählen. Vor allem, wenn Sabotage am Zapfbesteck im Spiel ist. Die Bildunterschrift in der Zeitung lautete: „Als der Hahn endlich sitzt, ist das Zoiglfass leer. Neugirgs Zapf-Versuche – ein Hammer.“

Um auf den Zoigl zurückzukommen: In dem widerspenstigen Fass war kein Zoigl. Nur ein als Zoigl bezeichnetes Gebräu aus einer der eingangs erwähnten Brauereien, die meinen, mit dem Zoigletikett das verlorene Vertrauen in ihre Braukunst wiederzugewinnen. Mutmaßungen, ich hätte aufgrund meiner Abneigung gegen gefälschten Zoigl das Fass absichtlich zum Überlaufen gebracht, weise ich offiziell von mir.

Inoffiziell betrachtet, könnte das Dilemma schon aus meinem Unterbewusstsein heraufgegoren sein. Vielleicht pfuschte mir der heilige Gambrinus ins Handwerk. Er lässt mich immer dann zu einem ausgemachten Tollpatsch werden, wenn ich dazu missbraucht werden soll, zwielichtiges Kommerz-Gebräu zu verzapfen. Stimmt! Das war schon immer so. In den Jahren vorher brachte ich bei ähnlichen Vorgängen das eine Mal ein Fass überhaupt nicht auf, ein anderes Mal brach mir der Bierschlegel ab. Das Bild, das im Laufe dieses Kapitels von mir entstanden sein könnte, muss also zurechtgerückt werden: Ich kann am Zapfhahn sehr geschickt sein, konnte das aber noch nie beweisen, weil übersinnliche Mächte mich bisher daran gehindert haben.

Das sei zu meiner Ehrenrettung noch angefügt, ebenso wie der folgende Spruch, den ich im Angesicht von Bierfässern, deren Inhalt ich nicht traute, vorm Anstich immer prophylaktisch aufgesagt habe:

> Der Braumeister, ließ ich mir sagen,
> musste sich beim Brauen plagen,
> der Schweiß lief ihm vom Angesicht
> ins Bier – er sagt, man schmeckt es nicht!

Beim Bundesverband Deutscher Krankenhausapotheker im Hofbräuhaus München:

Krankenhausapotheker residieren in Kliniken. Meistens im Souterrain, also so weit unten, dass nach Möglichkeit kein (Tages-)Licht mehr auf ihre Geschäfte fällt. Ungefähr dort, wo auch die Pathologen ihr Unwesen treiben.

Krankenausapotheker sind Kellerkinder, die nur von denen besucht werden, die sie besuchen müssen. Man muss sich in den Katakomben einer Klinik auskennen, um sie zu finden. Genau von solchen Leuten wurden wir eines Tages ersucht, den deutschlandweiten Kongress ihrer Spezies zu besuchen. Augenzeugenberichte von Spionen, welche die feucht-fröhliche Szenerie beim Bayerischen Apothekertag in Weiden miterlebt hatten, gaben wohl den Ausschlag für die Einladung nach München. Tatort: Festsaal im Hofbräuhaus.

Für die musikalische Umrahmung des Abends sorgte eine typisch gewandete Trachtenkapelle mit einem umfangreichen Landler-Repertoire und den damit verbundenen Strapazen für den Zuhörer. Die oberbayerischen Kollegen räumten perplex das Feld und ihre Gerätschaften sicherheitshalber nach hinten, als wir uns mit „Glory, glory halleluja“ an den langen Tischreihen vorbei auf die Bühne zubewegten. Sie hoben ihre Köpfe, Augen und grünen Hüte mit den aufgepflanzten Federn, die sich auf uns einpendelten. Eine Blaskapelle wie wir in Bayern ohne Lederhosen mit einem afroamerikanischen Gospel im Rohr – das grenzt an Blasphemie.

Dass es in unserem seit jeher wenig begüterten Winkel der Oberpfalz traditionell niemals eine Tracht gegeben hat, sondern, wenn von Tracht die Rede war, eine Tracht Prügel oder als herzeigbares Gewand maximal eine Feuerwehruniform gemeint war, konnten die Trachtler nicht wissen. Außerdem bin ich seit meiner Zeit bei der Jugendblaskapelle mit einem Kniebundhosen-Trauma behaftet. Bierzelt, Lederhosen und alle zwei Minuten „Ein Prosit!“ spielen, da werden Erinnerungen in mir wach, von denen ich noch heute Herpes und Hautrötungen bekomme. Blasmusikanten in abgetragenen Feuerwehrjoppen ohne Wadlstrümpfe und Haferlschuhe – für die Kameraden von der Trachtenfraktion waren wir ein Affront!

Einige wenige unter ihnen beäugten uns besonders argwöhnisch, als sie im Verlauf des Abends mit anhören mussten, wie rabiat wir alte Volksmusiktitel zerfledderten und mit Swing und Dixie wieder zusammenflickten. Es waren vielleicht Zwei oder Drei, die aus dem ansonsten amüsierten Landler-Lager ihre Hälse reckten und die Nasen rümpften. Ihre süß-sauren Mienen verrieten sie. Es waren Fundamentalisten. Die Tempelwächter der bairisch-reinen Lehre in punkto Volksmusik- und Trachtentradition. Sie kennen jeden Zwiefachen molekular und erklären jedem, ob er es wissen will oder nicht, in wie vielen Windungen zum Beispiel vor hundert Jahren die grünen Kniestrümpfe ums Schienbein gewickelt wurden. An überlieferten Schurzzipfellängen darf nicht gerüttelt werden. Bei alten Landlern muss genauso gejuchzt werden wie anno dazumal. Der Volksmusik-

Taliban duldet keine Abweichung. Ist in der Aufnahme eines Jodlers einer längst verstorbenen Volksmusik-Ikone beispielsweise ein Räusperer drin (weil der Interpret gerade verschleimt war), dann gilt dieser abgebrochene Vorgang des Abhustens als Stilmittel der damaligen Zeit. Wird der Titel nachgespielt, wird seitens der Gralshüter der Volksmusik penibel darauf geachtet, ob der Jodler an der richtigen Stelle bronchial gluckst.

Um Traditionsabtrünnige kümmern sich auch Gebirgstrachtenerhaltungsvereine. Das ist eine Art Dirndl-Polizei für Trachtenvergehen. Zu kurze Dirndl, fehlende Strümpfe, unpassende Kopfbedeckungen, alles rote Tücher für den organisierten Gebirgstrachtenstier, der in solchen Fällen schon mal öffentlich die Nüstern bläht. An anderer Stelle in Oberbayern hatten wir diese Vorgänge einmal so aufs Korn genommen:

Oberbayerns Trachten-Inquisition
kennt bei den Trachten kein Pardon:
Strohhut, barfuß, Lederhose,
da kriegt der Trachtler Gürtelrose!

Das widerspricht den alten Gaubuchstaben:
die Hosen müssen Träger haben,
einen Arsch von Fundamentalisten
und Dekolletés mit solchen Brüsten,
die, wie Röcke in genauer Länge,
und Hosentürl samt Gehänge,
nach Vorschrift und nach Plan
im Haferlschuh-Koran

der Wastl-Fanderl-Norm entsprechen,
alles and're ist Verbrechen!

Wir befanden uns nun aber im Münchner Hofbräuhaus. De facto im Fressnapf des bayerischen Löwen. Uns standen eine zahlenmäßig überlegene Trachtenkapelle und jede Menge Krankenhausapotheker aus ganz Deutschland gegenüber. Der Saal war berstend voll mit Trachten. Dass ich vom Trachtenhype absolut nichts halte, behielt ich in dieser Situation also besser für mich. Sich mit dem Apothekerstand zu beschäftigen, erschien mir gefahrloser. Auch wenn viele der männlichen Kongressteilnehmer Lederhosen trugen, so waren die meisten keine Oberbayern, und es war nicht davon auszugehen, dass sie mit ihren Hirschfängern am Hosenbein so schnell bei der Hand sein würden, wie die massiv gebaute Trachtenkapelle.

Geradezu enthusiastisch empfingen uns die Saalinsassen, die sich sofort an uns erinnerten und uns, dank der unvergesslichen Verwüstung des Bayerischen Apothekertages im Vorjahr, ins Herz geschlossen hatten. Auf ein Fass Freibier und eine Wiederholung der Weidener Schaumparty hofften sie allerdings vergebens, wenngleich es in München einige Biersorten gäbe, die mehr als geeignet dafür wären, sie dem menschlichen Organismus auf diese Weise vorzuenthalten. Das Interieur des Festsaales wurde bei diesem Apothekertreffen nicht in Mitleidenschaft gezogen. Nicht zuletzt deshalb, weil wir uns statt auf die Trachtenkapelle, gemäß unserem Auftrag, auf die Pillendealer einschossen:

Nicht einmal ein Krankenhaus
kommt ohne Apotheker aus,
indem es sich, fest angestellt,
meist einen im Keller hält.

„Klinikapothekerstand“
wird diese Spezies Mensch genannt,
die, ans Tageslicht gelassen,
neigt dazu, in Massen
zum Kongress in eine Stadt gebeten,
einmal jährlich aufzutreten.

Das Präsidium pflegt das anzuleiern,
diesmal traf es das Land Bayern,
sprich München, wo das Volk jetzt zecht,
und das geschieht der Stadt zurecht.

Das Volk, das größtenteils hier übernachtet,
hat man ins Hofbräuhaus verfrachtet,
um die Gäste, die das mit sich machen ließen,
auf gut bayrisch zu begrüßen.

Apotheker haben selten Stress,
und fahren gerne zum Kongress.
Da nimmt man sich der Themen an,
worüber man sich ärgern kann.

Besonders aus dem Krankenhaus
zieht's Apotheker an die Luft heraus,
weil die Luft im Kellerschacht
der Klinik sie so träge macht,

und drum halten sie sich gern
tagelang der Klinik fern.
Da ist jeder Vorwand recht,
die Klinikluft ist wirklich schlecht.

Sie fristen ja ihr Kellerleben
von Pathologen meist umgeben
im Dunstkreis der Sezier-Etage
auf Niveau der Tiefgarage.

So ein Leben ist es wert,
dass man aus der Klinik fährt,
und, sobald die Chance sich zeigt,
freudig aus dem Keller steigt,
um der Arbeit zu entsagen,
und irgendwo zu tagen,
wo Apotheker über Fehler debattieren,
statt sie daheim zu fabrizieren.

Der Apotheker weiß genug von Dingen,
die in der Klinik nicht gelingen,
von Pillen, die bei hohen Preisen
keinerlei Erfolg aufweisen,
von Fehlschlägen in Perfektion,
von Transfusion und Konfusion
und davon, was in Pharmazie
schiefgeh'n kann. Und wie!

Mit der Behauptung, dass irgendwo etwas schief läuft, liegt man nie schief. Ohne konkret zu wissen was, merkte ich an der Resonanz der Krankenhausapotheker, dass meine Schlüsse, die ich aus meinen Vorgesprächen mit Zuträgern aus dem pharmazeutischen Kellermilieu gezogen hatte, richtig waren. Nachdem ich über die Würdenträger des Bundesverbandes noch ein paar Teilwahrheiten verbreitet habe, war es an der Zeit, mit Spitzen gegen uns selbst die Betroffenen zu versöhnen:

Es gibt im Leben Unglücksfälle,
die erscheinen als Kapelle.
Die hier zählt nicht zu den Besten
und wird jetzt trotz Protesten,
mit Musik, sie werden es gleich merken,
des Abends Elend noch verstärken.
Die Kongressleitung war ja der Meinung,
aufgrund unsrer Erscheinung,
passt die Kapelle rundherum
und ideal zum Publikum.
Wohin sich meine Blicke richten,
bin ich geneigt, dem beizupflichten.

Hofbräuhaus, so heißt die Bude
und uns ist hier sehr wohl zumute,
was sich bei Ihnen ändern wird,
sobald der Haufen musiziert.

Wer Apotheker ist im Krankenhaus,
der hält auch die Kapelle aus.

Das war unser zweites Gastspiel bei Apothekern und das erste, das wir trockenen Fußes verließen. Die oberbayerischen Musikanten legten nach uns dem Saal noch kräftige Volksmusik-Infusionen an und bliesen ungestümer als zuvor.

In unseren, von einer ehrwürdigen Tracht weit entfernten, armseligen Feuerwehrjoppen lauschten wir der Landler-Orgie. Die einzige Tradition an uns war die traditionelle Halbe Bier im Stehen, die uns traditionell der Gastgeber nach dem Auftritt ausgibt. Gott sei Dank. Als wir die traditionellen Münchner Bierpreise in der Getränkekarte lasen, stockte uns der Atem.

Da fuhren wir wieder gern heim in die Oberpfalz und waren froh, dass wir keine Tradition haben.

Fahrt ins Blaue

Der Vater zog aus mit dem Sohn,
im Portemonnaie ein Monatslohn.

Aufgebrezelt und in Tracht,
jeder für sich eine Pracht:

fescher Janker, weißer Kragen,
um den Hals ein Tuch geschlagen,
Trachtenhemd mit Enzianblüten,
Gamsbart auf den grünen Hüten,
Lederhosen, Haferlschuh',
weiß-blau karierte Strümpf' dazu,
Hosenträger, Hirschhornknöpfe,
frisiertes Haar, gewasch'ne Köpfe,
Unterwäsche und die Weste
rot bestickt, vom Stoff das Beste,
Hintern, Bauch und Hosenlatz,
alles war an seinem Platz,
so zogen beide von zu Haus'
aufrecht, früh und fröhlich aus.

Waagrecht, spät und trist und schwer
war dann der beiden Wiederkehr.

Jeweils von zwei Mann getragen,
auf Tragen und weiß-blau geschlagen,
so kamen sie in finst'rer Nacht,
zerrüttet war die schöne Tracht:

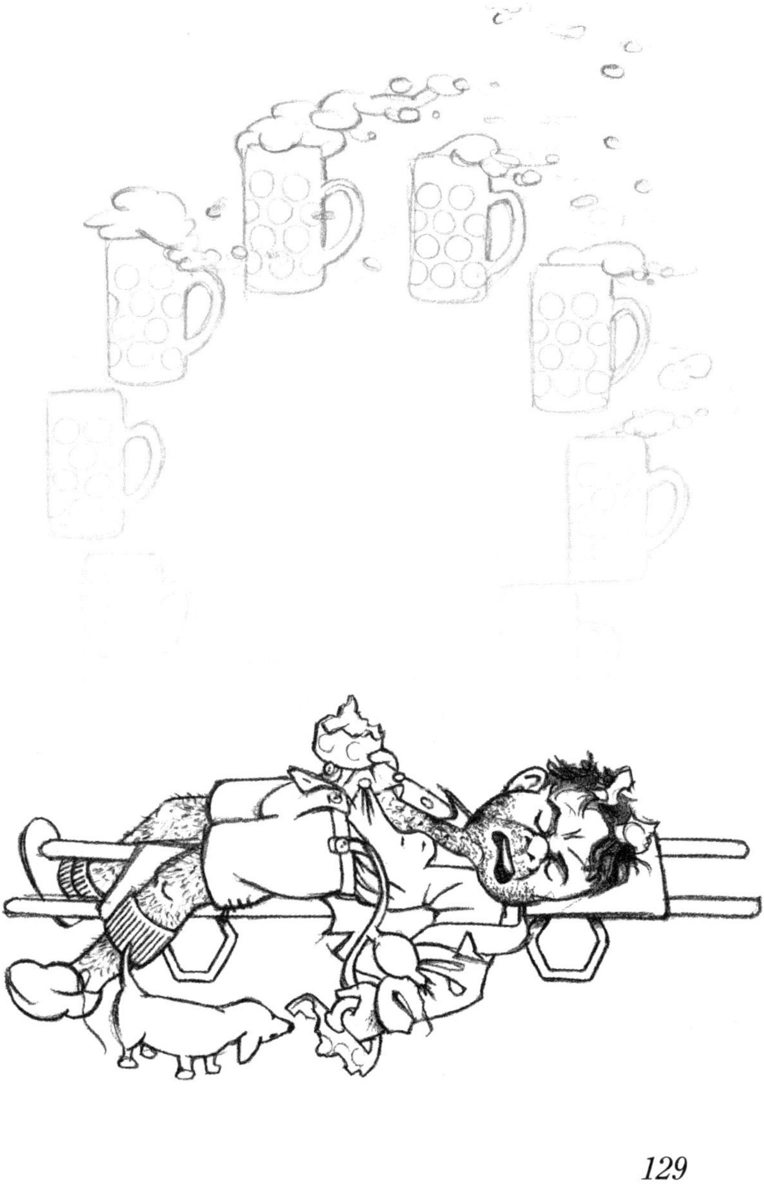

Der Latz war feucht, die Knöpfe fort,
nichts war mehr am rechten Ort.
Das Hemd war bis zum Hintern offen,
die Lederhose war betroffen,
die Unterwäsche und die Weste,
am Enzian blühten Speisereste,
an Gamsbart, Janker, Halstuch, Kragen,
Halbverdautes aus dem Magen,
Haferlschuh' und Strümpf' verschlissen,
die Hosenträger abgerissen,
der Hut speigrün, sie selber auch,
ein halber Maßkrug auf dem Bauch,
den Rest vom Krug im Kopf als Scherben,
ein Jammerbild wie kurz vorm Sterben,
so sind – ansonsten unversehrt –
Sohn und Vater heimgekehrt.

Als sie am andern Tag erwachten
und das Portemonnaie aufmachten,
blieb ihnen vor lauter Schreck
die Spucke und der Brechreiz weg.

Vom Monatslohn zwei Euro Rest,
der Rest blieb am Oktoberfest!

Wir *Altneihauser* fühlen uns in der Oberpfalz pudelwohl, weil wir wissen, wie es anderswo, zum Beispiel in München, zugeht. Wenn wir uns in selten auftretenden Sympathiewallungen zu Gastspielen in München aufraffen können, dann machen wir keinen Hehl daraus, dass wir von der bayerischen Landeshauptstadt keine hohe Meinung haben. Die kurzzeitige Sympathie kommt beim ersten Anblick der vor Feinstaub und Zentralisierungswahn geschwollenen Gschaftlhuber regelmäßig zum Erliegen.

Wo immer sich Gelegenheit bietet, sagen wir den Münchnern, wo wir herkommen und dass wir ganz schnell wieder dort hinfahren, wenn wir fertig sind. Mehr Mitgefühl vermag diese Stadt nicht in uns zu wecken.

Kommt es dann zu Missfallenskundgebungen im Münchner Publikum, freut uns das enorm, und wir wissen, dass wir als Vertreter der abseits von München gelegenen, bayerischen Regionen, das Sitzfleisch der Hauptstadt-Arroganz an der richtigen Stelle punktiert haben.

Politische Exkursion

Beim Feuerwehrempfang der SPD-Landtagsfraktion im Bayerischen Landtag

Im Jahr 2012 hatte die Landtagsfraktion der bayerischen SPD einen ihrer seltenen Einfälle. Sie lud alle Freiwilligen Feuerwehren Bayerns zu einem Empfang in den Bayerischen Landtag.

Fraktionsvorsitzender Markus Rinderspacher und Landtagsvizepräsidentin Inge Aures von der SPD behaupteten, es wäre der erste Feuerwehrempfang der bayerischen Weltgeschichte. Ohne das nachzuprüfen, sagte ich zu, mit den *Altneihausern* beim roten Feuerwehrauflauf in München den kabarettistischen Hauptakt zu übernehmen.

Es meldeten sich über eintausend Feuerwehrfrauen und -männer an. Mit der Hälfte hatte die SPD gerechnet. Die CSU-Fraktion kochte. Warum war ihr das nicht eingefallen? Zähneknirschend mussten die Schwarzen an einem Samstagvormittag also im Landtag die Lufthoheit den Roten überlassen. Ein Grund mehr dort aufzutreten. Dem chronischen Jammerzustand, zu dem die SPD im Schatten der übermächtigen CSU in Bayern verurteilt ist, konnte das bloß Linderung bringen. Wenngleich es auch am Elend der bayerischen Sozis nichts ändern würde. Nichtsdestotrotz, wenn die CSU sich ärgert, dann fahren wir sogar nach München, getreu meinem selbsterfundenen Lieblingsreim:

Die CSU regiert in manchem Nest
in Bayern ja schon seit der Pest
und in der Oberpfalz ist nicht ganz klar,
ob die Pest nicht besser war.

Am Rednerpult des Plenarsaals schossen wir dann unsere Salven ab. Direkt vor mir saß der damalige Oberbürgermeister der Stadt München, Christian Ude. Daneben jede Menge Feuerwehr-Führungskräfte und auf allen übrigen Abgeordnetenplätzen hatten Feuerwehrleute Platz genommen, die tatsächlich aus dem gesamten Freistaat kamen. Die Münchner waren absolut in der Minderheit; die meisten Gäste kamen – wie wir auch – vom flachen Land. Da konnte überhaupt nichts mehr schief gehen. Wir legten also los. Kameras übertrugen unsere Gesichter in die angrenzenden Räume des Maximilianeums, weil im Plenum nicht alle Feuerwehrler Platz hatten.

Weil die SPD im bayerischen Parlament
ausschließlich Misserfolge kennt
und ihre Spur bekanntlich mehr von Mist
als von Erfolg gepflastert ist,
beschloss sie, für Feuerwehren aus ganz Bayern
einen Landtagsumtrunk anzuleiern,
in der Hoffnung, dass – vom Freibier
motiviert –
die SPD mal jemand' int'ressiert!

Weil alles, wo im Landtag SPD draufsteht,
in schwarzer Jauche untergeht,
hat Rinderspacher – nach eigenem Bekunden –
diesen Feuerwehrempfang erfunden
(in Wirklichkeit soll's Inge Aures gewesen sein,
denn dem Rinderspacher fiel noch nie was ein!).

Da ein solcher Feuerwehrempfang
der CSU bisher noch nicht gelang,
weil die schwarzen Leberkäsgestalten
Empfänge lieber für sich selber halten,
ist von der CSU der Landtagshaufen
vor Neid schon so grün angelaufen,
dass es so ausschaut, als ob die CSU-Kadetten
etwas mit den Grünen hätten.

Warum ist bei Bayerns SPD-Fraktion
nun heut' so eine Invasion,
warum ist heute so viel los
und der Ansturm riesengroß?

Wir wissen es, meine Damen und Herrn,
und wir verraten's Ihnen gern:

Das Kürzel SPD soll ziemlich klein
auf der Einladung gestanden sein,
so dass im Gang eben die Leut' zugaben,
dass sie SPD schlicht überlesen haben,
hätte man es größer draufgeschrieben,
wär'n die meisten heute ferngeblieben!

Man sieht es dem Empfang hier an:
Die Roten leiden unter Größenwahn.
In einem Anfall von Verschwendungssucht
hab'n sie den Landtag von der CSU gebucht,
die den Roten – wie es hieß –
den Landtag lächelnd überließ,
weil sie vermutet hat, wie immer,
für die Roten reicht ein Schafkopf-Zimmer
oder auch ein Partyzelt,
denn wenn die SPD was hält,
ist die Resonanz ein Jammer,
theoretisch tät's die Besenkammer,
und die wäre heute sogar frei,
es sei denn Boris Becker schaut vorbei.

In Bayerns Landtag eingeladen,
kam in großen Freibier-Schwaden
ein Heer von Kommandanten
und Feuerwehr-Adjutanten
aus allen bayrischen Regionen,
die weit drauß' im Freistaat wohnen
und sich als Volk vom Land anschau'n,
wie die Münchner mit Beton rumhau'n
und wie hier Bayerns Steuergeld
dem Isar-Mob zum Opfer fällt.

Doch das Landvolk war dank Bier und Speisen
bereit, in diese Stadt zu reisen,
um sie nach dem Freibierfassen,
schleunigst wieder zu verlassen.

Auch die Oberpfalz sah sich gezwungen,
in die Münchner Niederungen
der Schickimicki-Weißwurstgeigen
trotz Abneigung hinabzusteigen
und den Bussi-Bussi-Mief zu inhalieren,
den die Preißn-Schnösel produzieren,
die den bayerischen Geist verscheuchen
und zunehmend die Stadt verseuchen!

In ganz München stinkt's nach Preiß'n
und wir mussten uns zusammenreiß'n
beim Anblick der hier hausenden Gestalten,
die Fahrt zum Landtag durchzuhalten!

Doch das Freibier-SPD-Versprechen
ließ uns nicht zusammenbrechen
und wir haben es mit letzter Kraft
bis zu Ihnen her geschafft,
um vom Geld der SPD vor allen Dingen,
diesen Samstag sinnlos zu verbringen.

Aus den Spitzen meiner Anrede-Litanei lässt sich herauslesen, wer alles da war bzw. wie man die Hierarchie der Feuerwehren in Bayern, die SPD und die Münchner Millionenbauern als Kommandant der *Altneihauser Feierwehrkapell'n* relativ gefahrlos verunglimpfen kann:

Geschätzter SPD-Anführer,
geprüfte, rote Wahlverlierer
und von der CSU erdrückte
Hinterbänkler und Relikte

des Bayern-SPD-Fragments
des bayerischen Parlaments,
werter Markus Rinderspacher,
Grußredner und Sprüchemacher,
liebe Inge Aures, Bierkönigin Frankens
und Mutter des Gedankens,
werte bedeutungslose Landtagsgeister,
mein hochgeschätzter Oberbürgermeister
Christian Ude, Münchner Rathausspitze
und letzte SPD-Haubitze,
verehrte Feuerwehrpräsidenten und -propheten,
liebe Löschwasser- und Schlauch-Proleten,
Kreisbrandräte, -meister, -inspektoren,
Rädelsführer und Feuerwehr-Motoren,
Bürgermeister, Schlauchflicker
  und Wasserträger,
Retter, Löscher, Berger, Schützer, Baumabsäger,
verehrte Stadtbrandleute, Kommandanten
  und Prinzen
aus allen bayrischen Provinzen,
die Sie es heute auf sich nahmen
und ins geschwoll'ne München kamen,
wo Bauernmillionäre mit versifften Bleiben
abkassier'n und Wucher treiben.

Verehrte Gastgeber, geschätzte Gäste,
es begrüßen Sie die letzten Reste
respektive neun Gestelle
einer desaströsen Blechkapelle,
die in den Oberpfälzer Wäldern haust
und der's nicht mal vor München graust.

Die Bayern-SPD dankt Ihnen,
dass Sie im Hohen Haus erschienen,
um sich im Münchner Plauderkasten
mit dem Gefasel zu belasten,
mit dem Politiker Ehrenamtspersonen
für gewöhnlich so belohnen
und das bekanntlich nur gut klingt,
wenn man dazu viel Freibier trinkt.

Für den Besuch in dieser Bude
dankt Ihnen auch der Christian Ude.
Ude ist – falls ihn wer kennt –
der kommunale Stadtregent,
der München als OB regiert
und den die Stadt jetzt ausrangiert,
weil er meint, dass ihn an and'rer Stätte,
das Bayernland noch nötig hätte.

(Christian Ude glaubte damals noch allen Ernstes, er könnte als abgehalfterter Oberbürgermeister von München statt Pensionär Bayerischer Ministerpräsident werden.)

Christian Ude bat, es zu verschweigen,
doch er lässt im Rathaus Geld abzweigen,
um – nach unbestätigten Gerüchten –
demnächst ein Reiterstandbild zu errichten,
auf dem vorm Rathaus er als Held,
einen Maßkrug in die Höhe hält,
und alle, die daran vorübergeh'n,
müssen dann zu ihm aufseh'n,

voll Ehrfurcht ihn beäugen
und per Dekret die Knie beugen.

Christian Ude gibt mir eben Zeichen,
wir sollen aufhör'n, es tät' reichen,
das zu erfüllen fällt uns leicht,
weil es uns schon länger reicht!

Wir verlassen München und dieses Gebäude
offen gestanden mit Freude,
denn im Grunde regiert der Verstand
in Bayern nur auf dem Land.

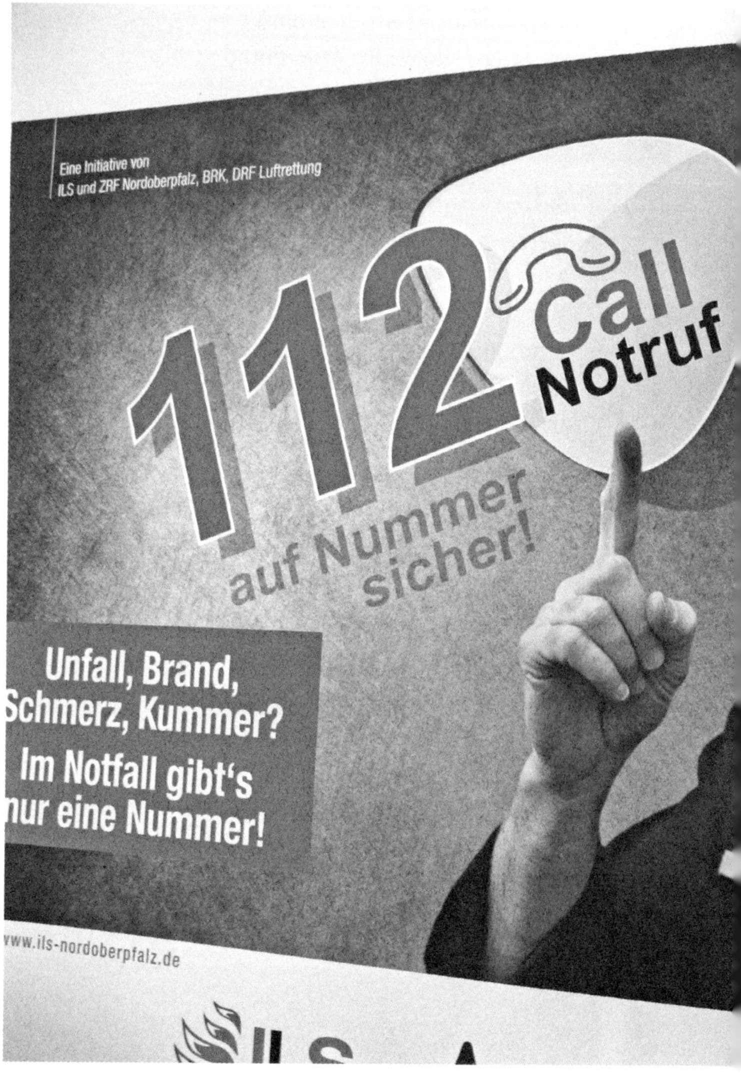

„... endlich 'mal etwas mit Sinn!“

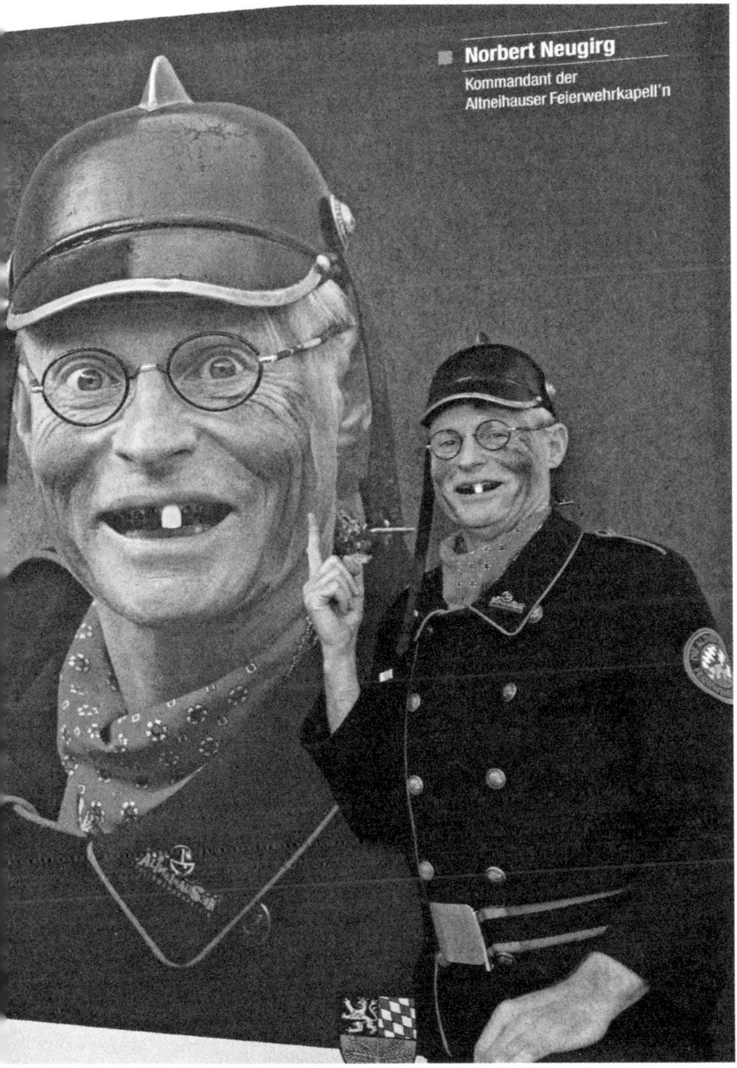

Norbert Neugirg

Kommandant der
Altneihauser Feierwehrkapell'n

Unter Jägern und Treibern

Jagd und Jäger sind Phänomene, vor denen man in Bayern nirgendwo sicher ist. Vor allem in unserer waldreichen Oberpfalz trifft man die Waidmänner allerorts, hauptsächlich in Wirtshäusern. In geselliger Runde erreichen die Jagdkünste des Jägers, glaubt man seinen Schilderungen, ihren Höhepunkt. Die dort aufgetischten Geschichten, Sitten und Gebräuche sind nichts für Zartbesaitete. Vieles, was unter Jägern gesagt wird, klingt abenteuerlich und orientiert sich nicht unbedingt an den Tatsachen, obwohl es überzeugend vorgetragen wird. Ein Wesenszug, der auch den *Altneihausern* nicht fremd ist. Kein Wunder, dass wir oft von Jagdgesellschaften eingeladen wurden, um dieselben beispielsweise nach einer Treibjagd, der ja immer ein uriger Ausklang bei Speis' und Trank folgt, kräftig aufs Korn zu nehmen.

Menschen, die sich die Jägerprüfung auferlegen, sich in ihrer Freizeit nächtelang auf dem Hochsitz den Steiß kaltsitzen oder Wald und Flur mit ihrer Erscheinung und einer Feuerwaffe verunsichern, gibt es in allen gesellschaftlichen Schichten. Ob Millionär oder Hilfsarbeiter, im Dunstkreis der Wildsau, oder hinter was auch immer sie her sein mögen, sind alle gleich. Sie sprechen eine Sprache und können sich über Hunderte von Kilometern wittern. Das überwiegend männliche Milieu, das dem Wild auflauert, kennt sich auch über Landesgrenzen hinweg.

Als kleiner Bub wurde ich mit der Jagd konfrontiert, weil mein Vater einmal vorhatte, die Jägerprüfung zu machen. Das Vorhaben verlief zwar im Sande, aber daheim hing wenigstens ein Jagdhorn herum. Ich konnte ein paar Jagdsignale und las hie und da in der grünen Lektüre meines Vaters. Mein Jagdwissen war gering, ging aber über die Fähigkeit, eine Wildsau von einem Hirschen zu unterscheiden, hinaus. Ein paar Jagdvokabeln waren mir geläufig. Vieles hörte ich später aus Unterhaltungen mit Angehörigen der Jägerschaft heraus und ich kam, obwohl viel Jägerlatein dabei war, den Gedankengängen dieser Spezies etwas näher. Zumindest hat es gereicht, um ihnen mit den *Altneihausern* unsere verbalen Schrotkügelchen an den richtigen Stellen in ihr dickes Fell zu jagen. Kommt dazu, dass sich Blechbläser bei Jägern von Haus aus bedenkenlos viel herausnehmen können. Die meisten Jagdenthusiasten haben nämlich irgendwann erfolglos Jagdhorn geblasen. Bringt man nun auf Blech halbwegs etwas zustande und lässt vielleicht noch an passender Stelle ein schönes „Sau tot" oder irgendein anderes „tot" aus der Jagdsignalliteratur erklingen, dann ist einem die Aufmerksamkeit und der Respekt der Grünröcke gewiss. Insofern haben wir vor diversen Jagdgesellschaften beste Erfahrungen gemacht und mit viel Spaß für alle Beteiligten Jagdszenen, Querschläger und Blattschüsse durchs Zielfernrohr der *Altneihauser* betrachtet und humoristisch zur Strecke gebracht:

Wenn er trifft, trifft er genau,
sei es Treiber oder Sau.

In einem Trophäen-überladenen fürstlichen Jagdhaus zum Ausklang einer Treibjagd:

Die Kapelle kam für knappe Gage
in die fürstliche Geweihgarage,
um vor denen, die noch leben,
das letzte „Sautot“ anzuheben
und vor betagten Wildsauschwarten
mit einem Ständchen aufzuwarten.
Mit einem Gottesdienst begann's am Morgen,
die Schützen brachten ihre Sorgen
zum Hubertus in Gebeten,
in denen sie um Beistand flehten:
„O Schutzpatron, lenk in der Not
du die Kugel und den Schrot
und sollte ich danebenschießen,
hilf dem Wild, sich zu entschließen,
dass es sich nach dem Tode sehnt
und mir in die Kugel rennt.“

*

Zur Beruhigung:

Er ist Versicherungsagent
und reguliert sehr konsequent.
Man kann getrost ihm vor die Flinte laufen,
denn schießt er einen übern Haufen,
zahlt bei Treibern jeder Gattung
Allianz problemlos die Bestattung.

*

Hund tot:

Der Jagdhund ging für sich allein
und angeblich von selber ein,
ein Fehlschuss war es nicht,
das ist schlichtweg ein Gerücht!

*

Auf Draht:

Jäger Fritz schoss, am Fasan vorbei,
am Strommasten den Draht entzwei.
Drei Wochen kam dann dank Fasan
im ganzen Dorf kein Strom mehr an.

*

Im Entenweiher:

Der Jäger hat für Weiherränder
einen jungen Münsterländer
und kürzlich auf der Entenjagd
hat der Hund ihm nichts gesagt
und sprang, am Jäger angeleint,
in den Weiher, weil er meint,
der Jäger hätte was getroffen,
da wär' der Jäger fast ersoffen.

*

Gut Holz!

Und ist das Wäldchen noch so dicht,
wo er schießt, da wird es licht.
Er schießt dem Eber durchs Gehänge
und das Holz auf Ofenlänge.

*

Jagdgehilfenkodex:

Wer gut sich mit dem Jagdherrn stellt,
ihn stets brav für den Größten hält,
als Jäger mit dem Schießgewehr
nicht besser schießt und trifft als er,
die Treiber wegschafft und 's Geäst,
und was der Jagdherr liegen lässt,
wenn er geruht, mit wenig Treffern,
auf Treibjagd in den Wald zu pfeffern,
und wer, weil der den Jagdherrn kennt,
ihm niemals vor die Büchse rennt
und nie aus seinem Schatten tritt,
darf nächstes Jahr auch wieder mit.

*

Jagdessen:

Wird wo eine Jagd gegeben,
dann können die, die's überleben
und die, die – übern Schmerz erhaben –
Schrotkugeln im Hintern haben,
im Kreise ihrer Streifschuss-Schützen

beim Jagdessen die Zeit gut nützen,
die Kügelchen verstohlen
sich aus dem Gesäß zu holen,
um sie bei denen, die den Schuss abgaben,
im Knödelteller zu vergraben.

*

Jagdglück:

Sein Munitionsverbrauch ist sekundär,
nur selten braucht er das Gewehr,
weil er als Jäger dazu neigt,
dass er auf die Hasen steigt,
sie aber meistens nicht erblickt,
weil er lieber Pilze pflückt
und einen Hasen nur zur Strecke bringt,
wenn der ihm in den Pilzsack springt.

Liefert er im Sack frei Haus
dann eifrig seine Pilze aus,
ist wenigstens und immerhin
gelegentlich ein Hase drin.

*

Ins Kraut geschossen
(nach einer wahren Begebenheit)

Wenn man sich zur Wildsaujagd
mit Sauerkraut im Magen wagt,
muss im Wald mit Darmbeschwerden
und Drang zum Stuhl gerechnet werden.

So hatte einst ein Jägersmann,
weil's kalt war, gleich drei Hosen an,
da wurde ihm in der Bedrängnis
die letzte Hose zum Verhängnis,
weil er den Wettlauf mit der Zeit verlor:
Das Sauerkraut kam ihm zuvor.

„Die Jagd beginnt“, das Horn erscholl,
derweil ihm noch das Kraut entquoll
mit gewaltigem Getöse
in die Hose kleinster Größe.

So war's nicht zu vermeiden,
sich gänzlich zu entkleiden,
die Hose sich vom Leib zu reißen
und ins dichte Holz zu schmeißen.

Indes er noch am Beinkleid zerrte,
kam eine Wildsau, die das hörte,
hat sich vorm Jäger aufgebaut,
sie witterte das Sauerkraut.

Der Jäger kramte, wie er stand
das Gewehr aus dem Gewand,
die Sau hat bloß gekichert,
das Gewehr war nicht entsichert.

Grunzend wandte sich in Ruh'
die Sau im Holz der Hose zu,
der Jäger zog nun fieberhaft
die Hosen übern Stiefelschaft,
um die nackten Hinterbacken
in höchster Eile einzupacken.

Kaum war alles straff gezogen,
kam, fidel ums Eck' gebogen,
zur ersten Wildsau eine zweite,
die das Kraut roch von der Weite.

Als beide Säue sich verbissen
um die versaute Hose rissen,
beschloss der Jägersmann, das Schänden
seiner Hose zu beenden.

Also hat er kurz entschlossen
mit einem Schuss ins Kraut geschossen
und dieser eine Schuss alleine
traf die Hose und die Schweine,
die nun – von einem Projektil durchschlagen –
als „Schwein auf Kraut" im Walde lagen.

Der Wildsau nach dem Leben trachten
heißt, auf die Ernährung achten,

und bei der Jagd aufs wilde Schwein
kann Sauerkraut sehr hilfreich sein.

Ein Weizen-Trauma

Es stellte einst der Jäger Krach
im Weizenfeld dem Rotwild nach,
getarnt mit Stroh, gut präpariert,
den Hut mit Ähren dekoriert.

Des Weges kam durch eine Gasse
eine reine Mädchenklasse
mit zwei jungen Lehrerinnen –
der Jäger wollte noch entrinnen.
Da gab's Gejohle und Geschrei,
was er für ein Wüstling sei,
ein Spanner, der im Weizen hockt,
die Mädchenklasse ist geschockt
samt Lehrerinnen fortgezogen
und seit der Zeit beim Psychologen.

Die Rehlein-Infanterie

Rehe und Hirschen fressen Bäume. Der Mensch nicht. Dafür frisst der Mensch Rehe und Hirschen. Wenn nun der Mensch gleich Bäume fräße, könnten wir uns Rehe und Hirschen sparen. Dann wären auch die Jäger überflüssig. Da nun aber Bäume inklusive Knospen, Triebe, Rinden usw. für den Menschen fresstechnisch erst interessant werden, wenn sie durch Wildviecher gegangen sind und sich in deren Fleisch verwandelt haben, gibt es nach wie vor diese Nahrungskette, in der auch das Glied des Jägers seine Hand im Spiel hat. Jäger sind talentlose Leute. So ist ihnen hierzulande beispielsweise das Talent der lautlosen Jagd mit Pfeil und Bogen vollkommen abhanden gekommen. Stattdessen benutzen sie donnernde Schießprügel, bei denen man jeden Schuss hört. Grässlich! Warum werden denn keine Schlingen, Schlagfallen oder Tellereisen mehr verwendet? Die waren schön! Da mussten sich unbeteiligte Passanten kein widerliches Krachen anhören, es sei denn, sie sind selber hineingestiegen. Auch Fallgruben, Rehangeln oder Hirschen vergiften wären herrlich leise Jagdmethoden.

Aber der verkehrslärmgeplagte, Ruhe suchende Waldspaziergänger wird von Jägern rücksichtslos mit Schüssen belästigt. Kein Wunder: Es gibt sogar Abschussquoten, die den Schießlärm vorschreiben. Innerhalb einer bestimmten Zeit muss zum Beispiel eine festgelegte Zahl von Rehen erschossen werden. Diese Quote wird, was man so hört, jetzt auch den betroffenen Tieren mitgeteilt, die sich dadurch einsichtig zeigen. Ohrenzeugen berichten von Rehen, die bis zu dreißig Schüsse über sich ergehen lassen, ohne sich vom Fleck zu rühren. Es handelt sich um sogenanntes „aufgeklärtes" Wild, also Wild, dem vorher erklärt worden ist, dass es sich bis Jahresende erschießen lassen muss. Das ist eine neue Variante des waidmännischen „Ansprechens" des Wildes: Der Jäger spricht das Vieh einfach an und überredet es, so lange stehenzubleiben, bis es getroffen wird. Dank dieser genialen Methode können Rehe und Hirschen nun einem stundenlangen Kugelhagel unterzogen werden. Selbst aus mehreren Kilometern Entfernung hört der fantasiegeübte Laie heraus, dass hier ein und dasselbe Rehlein im Sekundentakt beschossen wird und mit jedem Kracher ein neues Loch bekommt. Es ist sogar schon gehört worden, dass betroffene Tiere am Ende ein einziges Loch waren. Das reduziert zwar den Kilopreis des verwertbaren Fleisches auf null, erleichtert aber die Aufräumarbeiten, wenn – wie besagte Ohrenzeugen ebenfalls berichteten – gleich mehrere hundert Hirschen, Rehe samt Gelege und Rehkitze auf einmal über den Haufen geschossen werden. Spätestens beim dritten Schuss sieht der akustische Beobachter vor seinem geistigen Auge: Da glühen Rohre und Rehe! Und das Gehörte reicht ihm, um abschließend festzustellen: „Die Jagd mit Pulver und Blei ist eine laute Sauerei!" – Nieder mit der Rehlein-Infanterie! Schont das Wild – esst mehr Holz!

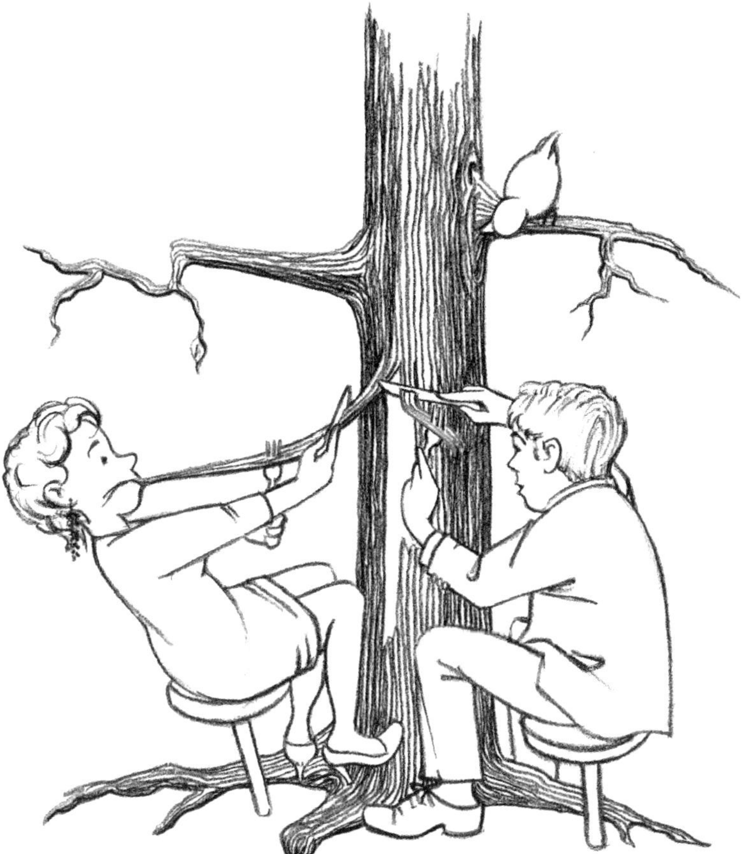

Gastronomische Perlen

Bei der Vereinigung der Haus- und Hobbybrauer in Neuhaus:

Die Vereinigung der Haus- und Hobbybrauer in Deutschland e. V. war im Jahr 2012 auf Einladung der Neuhauser Kommunbrauer in die Oberpfalz gekommen. Für drei Tage war unsere Heimatstadt Windischeschenbach und schwerpunktmäßig der Ortsteil Neuhaus belagert von Leuten aus der ganzen Republik, die – auf welche Weise auch immer – selber Bier herstellen. Ein sehr illustres Völkchen, das sich für alles interessierte, was Wasser in Bier verwandelt. Es waren Menschen, die ein bisschen an Alchimisten erinnerten, also an geheimnisvolle Typen aus früheren Jahrhunderten, die behaupteten, Gold herstellen zu können. Unter ihnen Tüftler mit selbstgebastelten Bieren in Kleinstgebinden. Reagenzglas- und Wecktopfbrauer. Wie viele Kücheneinrichtungen sie ihrem Hobby in den eigenen vier Wänden schon geopfert hatten, konnte man nur mutmaßen. Mit dem, was ihre Kellerlaboratorien ausgespuckt haben, waren sie angereist, um es von einem Gremium bewerten zu lassen. Ihre Selbstversuche waren nur ganz wenigen anzusehen. Die brennend Interessierten und eher Wissens- statt Bier-durstigen Forschernaturen unter ihnen überwogen.

Mag das Neuhauser Kommunbrauhaus mit seinen dreiunddreißig Hektolitern Ausstoß pro Sud (wenn alles gut geht) für diese Klientel auch etwas überdimensioniert gewesen sein, so war die Bierexpedition in den Oberpfälzer Wald in Bayern besonders für die Norddeutschen, die bis dato noch nie mit der Zoiglbierkultur in Berührung gekommen waren, eine tiefgreifende Erweiterung ihrer preußischen Beschränktheit. Spätestens als das Völkchen den Schafferhof an der Burg Neuhaus als Versammlungsstätte auserkor, um die Bewertungen der eingereichten Biere bekanntzugeben, war es für die *Altneihauser* an der Zeit einzugreifen. Schließlich ist der alte Zehenthof unser Hauptquartier. Da muss man vor allem bei außerbayerischen Eindringlingen Duftmarken setzen und das Revier behaupten. Nach vollzogener Urteilsverkündung zogen wir in die vollbesetzte Tenne ein und über die Gesellschaft her.

Viele Gäste, sogar welche aus Köln, kannten uns vom Fernsehen her; der Rest sollte uns kennenlernen. Die Beobachtungen unter den Angereisten, die ich am Tag vorher undercover als Zivilist gemacht hatte, bestärkten mich in meiner Meinung, dass bei diesen Leuten in Sachen Wortwahl die Feinfühligkeit nicht unbedingt an erster Stelle stehen muss:

> Der deutsche Haus- und Hobbybrauerhaufen,
> ein Verein für hausgemachtes Saufen
> von selbstgekochten Flüssigkeiten,
> die sie in Hinterzimmern zubereiten,
> trifft sich, um sich zu berauschen
> und seine Drogen auszutauschen,
> zwecks Klärung illegaler Fragen
> zu den Haus- und Hobbybrauertagen.

Was sich Haus- und Hobbybrauer trau'n,
in ihren Schmelztiegeln zu brau'n
und auskochen auf Ofenplatten,
stellt jedes Rauschgift in den Schatten.
Man sieht es an den Brauer-Augen,
die ihr eig'nes Zeug reinsaugen,
wenn, wie die Neujahrsraketen
die Augen aus den Höhlen treten,
derweil die Brauer ihr Entzücken
wie nach dem siebten Joint ausdrücken
und sich loben übern grünen Klee,
ihr Zeug sei schärfer als der reinste Schnee!

Der Verband der Amateur-Biersieder
rief seine Sudschwestern und Tropfbierbrüder
samt einer Schar von Händlergeiern,
um ihre nebulöse Zunft zu feiern.

Die Cosa Nostra der Bierselbsthersteller
öffnet einmal jährlich ihre Keller
und hält dann immer deutschlandweit
einen schummrigen Gebräu-Wettstreit,
wo so ziemlich jedermann
seinen Kampfstoff präsentieren kann,
ohne, dass er gleich riskiert,
dass er deshalb verhaftet wird.

Wer Bier daheim im Nachttopf kocht,
wird in Deutschland ja nicht eingelocht,
sondern kann bei Hobbybrauertagen
den Topfinhalt zur Jury tragen

und denen es zu trinken geben,
die – sofern sie's überleben –
das Bier im Zweifelsfall prämieren
oder es nach dem Probieren
luftdicht mit Beton verschmieren
und in den Salzstock überführen.

Die jährliche Zusammenkunft
der Haus- und Hobby-Sudel-Zunft
hält nicht jede Gegend aus,
diesmal traf's den Ort Neuhaus.

Die Ortschaft kennt sich aus mit Bieren,
die zu Resultaten führen
und Aromen und Geruch entfalten,
die Menschen für nicht möglich halten.

Angesichts der Biergesichter
und angereister Gärtank-Lichter
aus allen deutschen Landesecken
und damit verbund'ner Schrecken,
sag' ich als Oberpfälzer nur bescheiden:
Die Oberpfalz ist es gewohnt zu leiden!

Die Kapelle wurde aufgestellt,
damit's Besuchern leichter fällt,
von hier wieder zu verschwinden
und sich nie mehr wieder einzufinden.

Im Schafferhof hat zwecks dem Bier
die Kapelle auch ihr Hauptquartier.

Altes Zeug, wohin man blickt,
man wird von altem Glump erdrückt.

Hier reift, was wir heut' trinken müssen,
wo und wie möcht' ich nicht wissen.

Wer den Wirt kennt, hat die Wirtin lieber,
über sie, da geht nichts drüber,
nur der Wirt manchmal zum Lohn,
sie ist die Schönheit in Person.

Der Himmel mög' die Hobbybrauer leiten,
er segne ihre Flüssigkeiten,
die Gottlosen wie auch die Frommen,
die noch an ihre Biere kommen,
und hab' ein Einsehen mit allen,
die ihnen noch zum Opfer fallen.

*

Bierpflege:

Trinkst du Bier und es ist sauer,
sag' im Vertrau'n es nur dem Brauer,
bewahr' vor Spott ihn und Gelächter,
sonst wird der nächste Sud noch schlechter.

*

Zum singenden Wirt:

Er singt Gstanzln nebenher,
und wenn er singt, wird's Wirtshaus leer.

*

Zoigl kontra Frankenwein:

Trink' Bier aus dem Kommunbrauhaus,
dann schaust du viel gesünder aus
und kriegst auch keinen solchen Zinken,
wie die, die Wein aus Franken trinken!

*

Der Vereinsgastronom:

Zum Bürgerfest lässt er seit Jahren
gerolltes Fleisch vom Schwein auffahren
und in einem Stand, der so ausschaut
wie eine Feldschmiede, nur umgebaut,
verfüttert er dort an die Gäste
hoch betagte Saufleischreste,
die er sich für wenig Geld
in einer Metzgerei bestellt,
die aufgerollte Schweineherden
verkauft, bevor sie Seife werden.

*

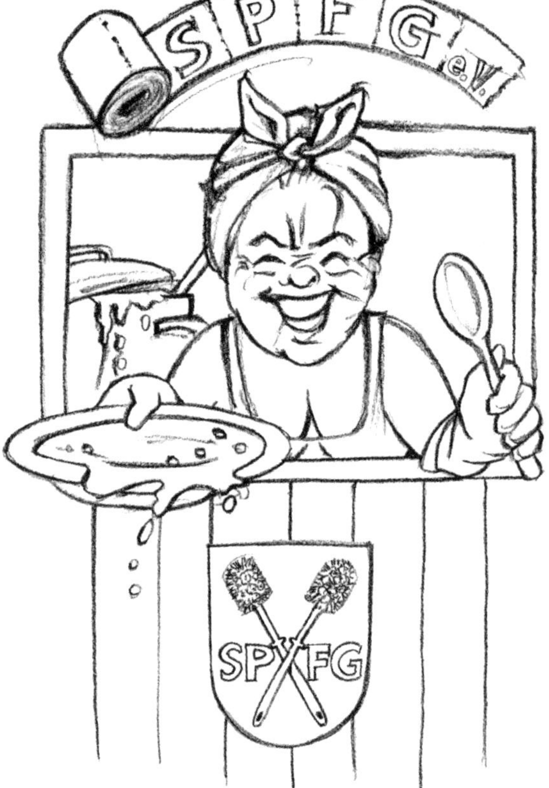
SPFG e.V.
SPFG

Kulinarisches von Vinzenz Gregor Festlmeier

Ich heiße Vinzenz Gregor Festlmeier und werde dem Festl vor meinem Meier gerecht, indem ich kein Festl auslasse. Dort wo ich daheim bin, gibt es nämlich im Sommer an jedem Hauseck ein Festl, das heißt wir haben im Sommer ebenso viele Feste wie Hausecken. Dazu haben wir mindestens genauso viele Vereine wie sommerliche Feste und Hausecken. Das Aufregendste an unseren Vereinen ist die Aufregung, mit der Leute jeder Herkunft im Verein aufregende Erfindungen machen, die man essen kann. Ich meine die vielen Schmankerln, da wo jeder seine Hand anlegt.

Das Bier finde ich nicht so aufregend, weil es immer aus derselben Brauerei kommt, was man gut daran erkennen kann, dass es immer gleich warm ist. Die in Sachen Preis und Machart unschlagbaren Mahlzeiten aber sind für mich kulinarische Höhenlichter. Ich komme an keinem brennenden Grill vorbei. Wo eine kalte Platte riecht, da gehen mir die Nasenflügel über und ich leiste mir eine. Der Einfallsreichtum, der dünstend und schmeckend aus unseren Vereinsvetterinen und -vettern heraus bricht, schreibt sich „Sie"!

Hier ein paar meiner persönlichen Imbiss-Juwelen: Der Verein der Tierpräparatoren präsentiert alljährlich sein bewährtes Geschnetzeltes „Wilder Aufbruch" im Fichtennapf. Unschlagbar auch die mundgeblasenen Windbeutel des Pfeifenclubs. Vor dem böhmischen Zigeuner-Eintopf der Heimatvertriebenen im mannshohen Eisenkessel bilden sich wegen der übergroßen Portionen immer lange Schlangen.

Unser örtlicher Maschinenring/Sparte Unkrautvernichtung bringt sich mit vorzüglichen Huflattich-Muffins ein. Am Stand der Sanitärputzfrauengemeinschaft e. V. esse ich immer die essigsaure Silberzwiebel-Fischtran-Bouillon mit den legendären Schuppen-Chips. Auch unsere kommunalen Bediensteten vom Klärwerk bis hin zur örtlichen Rattenbekämpfung greifen bei unseren Festen in die Speisenzubereitung ein. Sie haben sich auf angedunkeltes Grillfleisch unbekannter Herkunft in diversen Dehnbarkeitsstufen und einen mehrlagigen, erdfarbenen Schichtsalat spezialisiert. Sein strenges Aroma überlagert allerdings den Wohlgeruch der Wollwürste der Damen der benachbarten Wursttheke der Strickvereinigung „Zur wollenen Liesel". Keine Angst, die Würste sind nicht so haarig, wie sie sich anhören. Mein Tipp: Unbedingt vorbeischau'n und probieren! Das Auge isst mit! Und – ihrer Bauart nach zu schließen – auch die Damen. Sie wuchern mit allen Pfunden. Schweiß-Perlen zwischen Wollwürsten.

Dem setzen die Fußpflegerinnen der Arbeiterwohlfahrt mit dem erfrischenden Sprühschaum auf ihrer heißen Pilzsuppe das Sahnehäubchen auf. Nach einem Likör aus eigenhändig ausgeblasenen Eiern am Stand des Vereins für Gebisshygiene mit der Aufschrift „Mit den Dritten bläst man besser" lasse ich meinen kulinarischen

Sommerabend an einem Hauseck ausklingen. Danach geht es mir relativ schnell wieder besser. Zufällige Verdauungsschwächen, die mir meine kulinarische Freude an den Köstlichkeiten unserer Vereine, an Sommerfesten und an Hausecken nicht nehmen können. Der nächste Sommer kommt bestimmt. In diesem Sinne: Mund auf, Augen zu und durch.

Ihr Vereinshäppchen- und Schnäppchengeier

Vinzenz Gregor Festlmeier

Zum festlichen Ausklang:

Die Festtagskrawatte

Die Krawatte hing vom Hals herunter
und ging in der Soße unter
und so entstand, mehr oder minder,
der sogenannte Soßenbinder.

Einkommenssteuer-Jahresausgleich (gesungen auf die Melodie „Good King Wenceslas“)

Morgen geh’n wir Christbaumklau’n
in des Staates Forsten,
lässt sich eine Wildsau schau’n,
gibt’s ein’s auf die Borsten.
Wildsaubraten, Tannenbaum,
 aus dem Forst gestohlen,
so kann man sich jedes Jahr
 Steuern wiederho-olen!

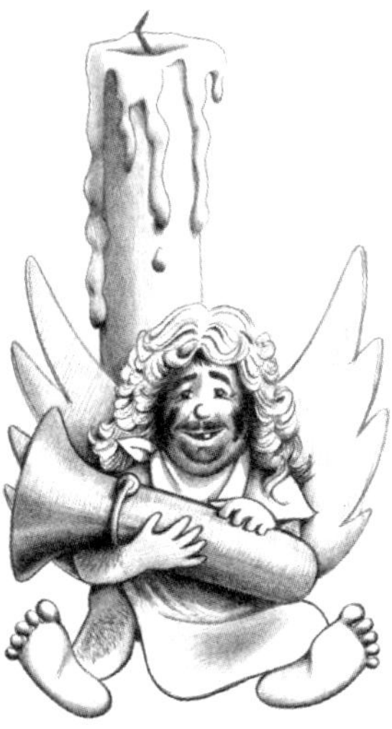

Der Mettenhauch

Zur Christmette trifft sich der Chor,
Bescherung war daheim zuvor,
lang war man zu Tisch gesessen,
reichlich war das Abendessen.

Weine, Biere, Schnaps und Speisen,
nun gilt es, den Herrn zu preisen,
gleich, was die Verdauung macht,
die Mette ist um Mitternacht.

Die Sänger, die den Dienst verrichten,
sind Bürger aus diversen Schichten,
geübt im Amateur-Gesang
und eben auf dem Mettengang.

Gezeichnet noch vom Festtagsbraten,
muss der Chor sich nun auf Raten
mit vollem Bauch die steilen Treppen
bis hinauf zur Orgel schleppen:

Hausfrau'n, Rentner, Gastwirt, Schneider
und, eingeschnürt in Festtagskleider,
keucht, sichtbar satt, die dicke Lore
die Stufen hoch bis zur Empore.

Richter, Forstrat, Volksschullehrer,
Beamten fällt der Aufstieg schwerer,

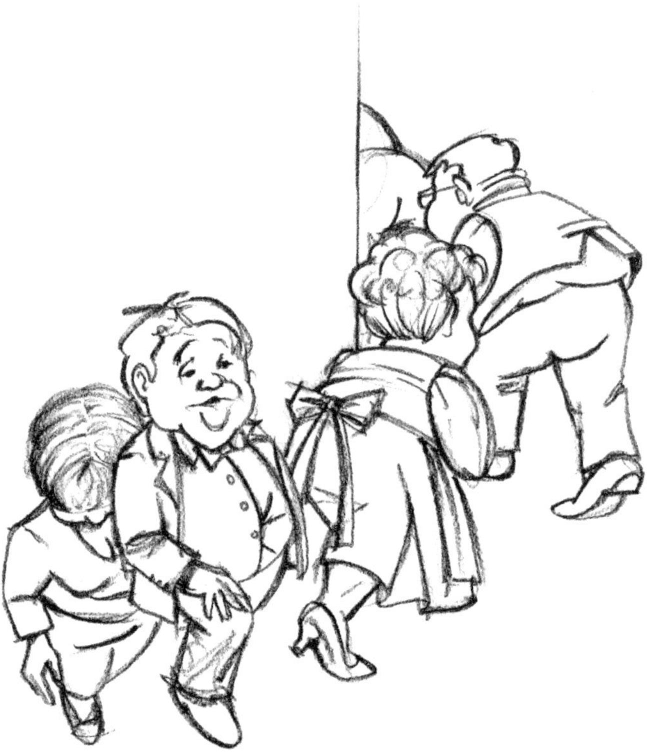

die Nonne Brunhild, ihr zur Linken
Michl mit dem Cognac-Zinken.

Landwirt Schorsch, verschwitzt am Ziel,
schiebt seinen Wanst ins Chorgewühl,
dadurch wird es spürbar enger,
stattlich ist die Zahl der Sänger.

Dann hört man die Stiege knacken,
es kommt, mit drallen Hinterbacken,
vorn gewölbt und hinten rund,
die Vorsitzende vom Frauenbund.

Zum Bersten voll der Chorbalkon,
der Chor schiebt sich in Position,
verspätet dampft der Ludwig an,
der war mal bei der Eisenbahn.

Die Kirche mit geweihtem Rauch
ist prall gefüllt, die Sänger auch,
der Kirchenchor ist nun komplett,
mein Gott, war das Essen fett.

Der Chorregent blickt in die Runde,
gewaltig sind die Festtagspfunde,
die nun auf sein Zeichen singen
und ihm warm entgegenklingen.

Der Mettenauftakt ist gelungen,
der Chor verströmt aus vollen Lungen

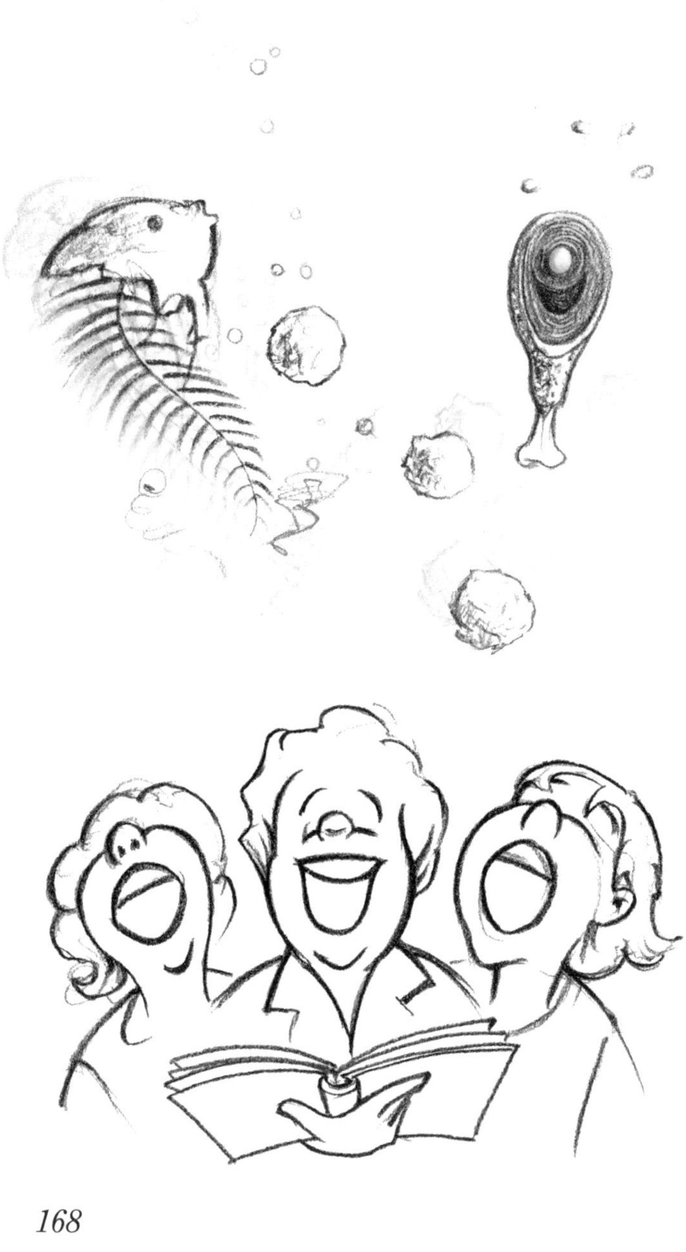

den Odem der Christ-Mitternacht,
die Klangwolke zieht auf mit Pracht.

Die Vorsitzende vom Frauenbund
wölbt beim Singen jedes Pfund,
sie hat ein schönes Tremolo
und alles an ihr zittert so.
Dem Atem nach und ihrem Beben,
hat es bei ihr Gans gegeben,
und auch den Frau'n vom Rest-Sopran
sieht man noch die Gansbrust an.
Der Chorregent, der dieses wittert,
dirigiert gefasst und unerschüttert.

Schwester Brunhild, die im Alt brilliert,
hat vor der Mette auch diniert.
Die Klosterfrau hat Lamm gespeist
mit „Klosterfrau Melissengeist".
Dass Lore und die and'ren Damen
im Alt wohl Würste zu sich nahmen,
beweist ein Häutchen Käsekrainer,
es lugt aus dem Gebiss von einer.
Der Chorregent ringt kurz nach Luft,
sein Dirigat bekämpft den herben Duft.

Da dringt ein Fis aus dem Tenor
zum Pult des Dirigenten vor,
vermutlich hat es Lachs gegeben,
es riecht, als wär' er noch am Leben.

Dank Ludwigs Eisenbahner-Rente,
gab es im Tenor auch Ente,

und so erreicht den Chorregenten
ein Luftgemisch aus Lachs und Enten.
Der Chorregent beim Dirigieren
droht das Bewusstsein zu verlieren.

Der Bass brummt jetzt ein tiefes C,
Aroma Knoblauch-Hirschfilet,
wobei sich dieses C anhört,
als ob besagter Hirsch noch röhrt.
Mit deutlich mehr als einer Mass
röhrt auch Landwirt Schorsch im Bass,
und Michl mit der Cognac-Knolle
verstärkt den Schorsch in seiner Rolle.

Jetzt muss der Bass ganz tief hinunter,
das Weihnachtsbier wird wieder munter
und beschließt durch Mund und Nasen
der Bassisten auszugasen.
Dunst von Bier, das sich zersetzt,
der Chorregent erblindet jetzt,
sein Taktstock stockt, er senkt die Hände,
kein Sauerstoff, es geht zu Ende.

Das Gloria droht nun abzustürzen,
die Christmette sich abzukürzen.
Doch knapp bevor in höchster Not
dem Kirchenchor der Absturz droht,
weil der Chef am Pult verendet,
kommt's, dass sich das Schicksal wendet:

Im Chorregenten liegt ein Zander,
der regt sich und fällt auseinander,
auch Russisch Ei, Wurst, Sauerkraut
und der Stollen, der sich in ihm staut,
steht unter Druck der Hosennaht
und lockert sich durch den Spagat,
in den der Chorregent bewusstlos gleitet,
wodurch sich das Gedärme weitet
und kurz vor dem Organversagen
fällt der Druck in seinem Magen.
Der Zander rutscht zur Hintertür,
das Zwerchfell dehnt sich aus dafür,
so dass der Chorregent, zwar noch erblindet,
den Weg zurück ins Leben findet.

Er hört den Chor verzweifelt singen,
das Gloria mit dem Tode ringen
und versucht, blind jetzt mit Gebärden,
des Chores Sinkflug Herr zu werden.

Er fuchtelt wild und ohne Sicht,
da zeigt sich ihm ein rotes Licht,
das ihm, bevor der Chor ertrinkt,
wie zur Rettung rhythmisch blinkt.

Er sieht es klar und nicht verschwommen
aus dem Bass des Chores kommen,
wie bei Nacht ein Leuchtturm-Blinken,
es kommt von Michls rotem Zinken.

Die Nasenspitze glimmt wie Zunder,
der Chorregent erblickt das Wunder,
Mettenhauch und Bauchweh-Phasen
samt Blähung sind wie weggeblasen.
So fängt er sich und dirigiert,
wie Michls Nase ihm diktiert.

Das Gloria erholt sich schnell,
klingt plötzlich rein und glockenhell
und mit dem Chor geht's im Verlauf
der Mette wieder steil bergauf.
Beim Stille Nacht im Kerzenschein
war die Luft dann glockenrein.

Zander, Gloria, Sauerkraut,
alles hat der Chor verdaut,
und als Mette und Gesang verklangen,
ist alles seinen Gang gegangen.
Mit dem letzten Stille-Nacht-Akkord
zog den Chor es schleunigst fort,
um dem Ausgang vom Geschehen
daheim in Ruhe nachzugehen.

Als Letzter ging mit einem Winken
der Michl mit dem Cognac-Zinken,
bei dem, als er zum Abschied winkt,
noch einmal kurz der Kolben blinkt
und nur der Chorregent alleine sieht,
wie Cognac-Michls Nase glüht.

Da war dem Chorregenten klar,
dass Michl Gottes Werkzeug war,
dass Gott – wenn das Ergebnis stimmt –
auch 'mal beim Cognac Zuflucht nimmt
und dass – wenn's um ein Wunder geht –
nicht umsonst geschrieben steht:
Und wenn du meinst es geht nicht mehr,
dann kommt von irgendwo ein Lichtlein her.

* * *

Hochverehrtes Publikum,
Gott sei Dank, die Zeit ist um,
nehmen Sie es uns nicht krumm,
wenn wir uns wieder schleichen,
Ihnen wird es reichen,
uns reicht's schon längst, ich danke sehr –
die *Altneihauser Feierwehr.*

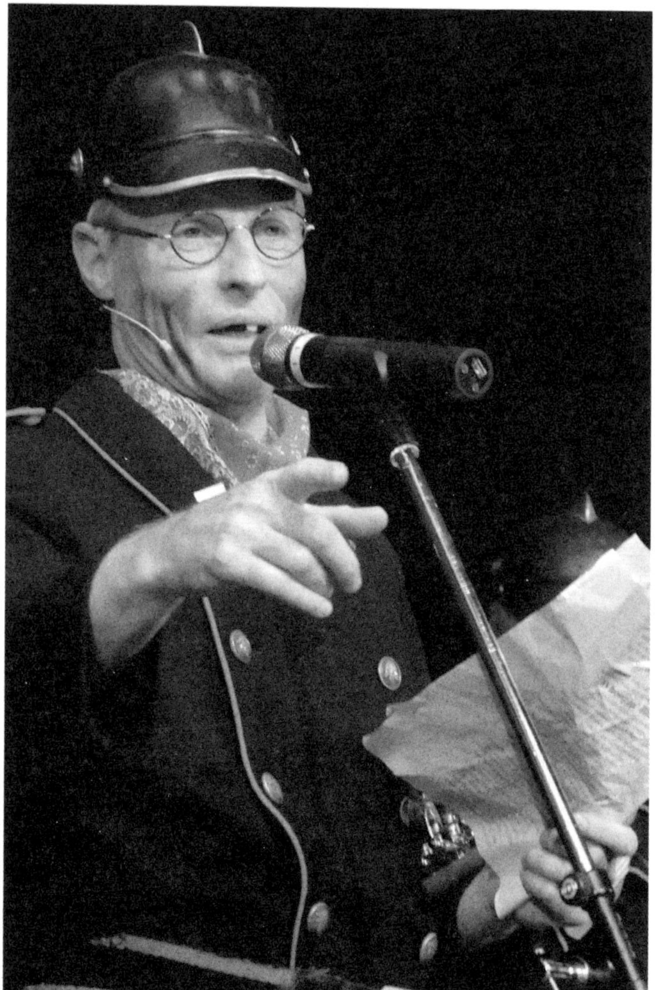

„Für Sie und diesen alten Saal taugt dieser Haufen allemal!“

Inhalt